MIX
Papier aus verantwortungsvollen Quellen
Paper from responsible sources
FSC® C105338

Christian Freytag

Unternehmensethik in der betrieblichen Praxis

Die Verhaltenskodizes von BP und Royal Dutch Shell im Vergleich

Bachelor + Master
Publishing

Freytag, Christian: Unternehmensethik in der betrieblichen Praxis. Die Verhaltenskodizes von BP und Royal Dutch Shell im Vergleich, Hamburg, Diplomica Verlag GmbH 2012

Originaltitel der Abschlussarbeit: Unternehmensethik in der betrieblichen Praxis · Die Verhaltenskodizes von BP und Royal Dutch Shell im Vergleich

ISBN: 978-3-86341-435-1
Druck: Bachelor + Master Publishing, ein Imprint der Diplomica® Verlag GmbH, Hamburg, 2012
Zugl. Martin-Luther-Universität Halle-Wittenberg, Halle, Deutschland, Diplomarbeit, Juli 2012

Bibliografische Information der Deutschen Nationalbibliothek:
Die Deutsche Nationalbibliothek verzeichnet diese Publikation in der Deutschen Nationalbibliografie; detaillierte bibliografische Daten sind im Internet über http://dnb.d-nb.de abrufbar.

Die digitale Ausgabe (eBook-Ausgabe) dieses Titels trägt die ISBN 978-3-86341-935-6 und kann über den Handel oder den Verlag bezogen werden.

Dieses Werk ist urheberrechtlich geschützt. Die dadurch begründeten Rechte, insbesondere die der Übersetzung, des Nachdrucks, des Vortrags, der Entnahme von Abbildungen und Tabellen, der Funksendung, der Mikroverfilmung oder der Vervielfältigung auf anderen Wegen und der Speicherung in Datenverarbeitungsanlagen, bleiben, auch bei nur auszugsweiser Verwertung, vorbehalten. Eine Vervielfältigung dieses Werkes oder von Teilen dieses Werkes ist auch im Einzelfall nur in den Grenzen der gesetzlichen Bestimmungen des Urheberrechtsgesetzes der Bundesrepublik Deutschland in der jeweils geltenden Fassung zulässig. Sie ist grundsätzlich vergütungspflichtig. Zuwiderhandlungen unterliegen den Strafbestimmungen des Urheberrechtes.

Die Wiedergabe von Gebrauchsnamen, Handelsnamen, Warenbezeichnungen usw. in diesem Werk berechtigt auch ohne besondere Kennzeichnung nicht zu der Annahme, dass solche Namen im Sinne der Warenzeichen- und Markenschutz-Gesetzgebung als frei zu betrachten wären und daher von jedermann benutzt werden dürften.

Die Informationen in diesem Werk wurden mit Sorgfalt erarbeitet. Dennoch können Fehler nicht vollständig ausgeschlossen werden, und die Diplomarbeiten Agentur, die Autoren oder Übersetzer übernehmen keine juristische Verantwortung oder irgendeine Haftung für evtl. verbliebene fehlerhafte Angaben und deren Folgen.

© Bachelor + Master Publishing, ein Imprint der Diplomica® Verlag GmbH
http://www.diplom.de, Hamburg 2012
Printed in Germany

Abstract

Die Arbeit beschäftigt sich mit der praktischen Umsetzung unternehmensethischer Maßnahmen zweier weltweit agierender Unternehmen in Form von Verhaltenskodizes oder sog. Codes of Conducts. Hierbei sollen Chancen und Risiken bzw. Stärken und Schwächen dieser noch recht jungen Managementinstrumente illustriert werden. Damit die Maßnahmen, die in den jeweiligen Kodizes verankert sind, nicht zu einer Opferethik führen, müssen zunächst die verschiedenen Dilemmastrukturen erkannt und analysiert werden. Bei den hierbei betrachteten Unternehmen handelt es sich zum einen um BP und zum anderen um Royal Dutch Shell. Beide Unternehmen sind in der gleichen Branche tätig und unterliegen somit den gleichen branchenspezifischen Problemen. Ihre Kerngeschäfte liegen im Bereich der Exploration, Förderung und Weiterverarbeitung von Erdöl bzw. Erdgas. Hierbei soll auf konkrete Probleme beider Wirtschaftssubjekte und deren zugrunde liegenden Dilemmasituationen näher eingegangen werden. Im Anschluss wird die Problemlösung dargestellt, bei der die Verhaltenskodizes eine wichtige Rolle einnehmen. Indem sich die Unternehmen gewissermaßen selbst in die Pflicht nehmen und dadurch in Vertrauen und Reputation investieren, können Dilemmastrukturen erfolgreich überwunden werden. Die Selbstbindung stellt somit kein Opfer dar, sondern eine Investition, bei der sich alle Beteiligten langfristig besserstellen können. Dies ermöglicht einen Perspektivwechsel, indem der eigeninteressierte Unternehmer moralische Belange in den Dienst seines Gewinnkalküls stellt und somit einen zusätzlichen Produktionsfaktor in seine Funktion implementiert.

Inhaltsverzeichnis

Abkürzungsverzeichnis III
Abbildungsverzeichnis V

Einleitung 1
1 Tools der Unternehmensethik 2
2 BP 6
2.1 Das Unternehmen BP: Zahlen, Fakten, Hintergründe 6
2.2 Der Verhaltenskodex von BP 7
3 Royal Dutch Shell 13
3.1 RDS: Chancen, Risiken, Hintergründe 13
3.2 Der Verhaltenskodex von Royal Dutch Shell 14
4 Die Verhaltenskodizes von BP und RDS im Vergleich 19
4.1 Mitarbeiter und Gesellschaft 19
    4.1.1 Chancengleichheit 19
    4.1.2 Datenschutz 26
    4.1.3 Gesundheit und Sicherheit am Arbeitsplatz 29
    4.1.4 Umweltschutz und Nachhaltigkeit 32
4.2 Unternehmen, Kunden und Aktionäre 36
    4.2.1 Bestechung und Korruption 36
    4.2.2 Preisabsprachen und Kartelle 41
    4.2.3 Insidergeschäfte 43
Fazit 45

Literaturverzeichnis 47
Anhang 53

Abkürzungsverzeichnis

Abb.	Abbildung
A.	Absatz
BMZ	Bundesministerium für wirtschaftliche Zusammenarbeit und Entwicklung
BKA	Bundeskartellamt
bspw.	beispielsweise
BP	British Petroleum
bzgl.	bezüglich
CG	Chancengleichheit
CoC	Code of Conduct
d. h.	das heißt
DS	Datenschutz
DP	Data Protection
EITI	Extractive Industries Transparency Initiative
f.	folgende
GD	Gefangenendilemma
geg.	gegebenen
ggü.	gegenüber
hrsg.	herausgegeben
HSSE	Health, Safety, Security, Environment
inv.	investieren
IT	Internet Technologie
ISO	Inernational Organization for Standardization
MA	Mitarbeiter
Mio.	Millionen
Mrd.	Milliarden
NG	Nash- Gleichgewicht
NPO	Not for Profit Organization
plc.	public limited company
RDS	Royal Dutch Shell
s.	sanction
S.	Seite

SE	Societas Europaea
sog.	sogenannt
u. a.	unter anderen
U	Unternehmen
VK	Verhaltenskodex
Z.	Zeile
zw.	zwischen

Abbildungsverzeichnis

Abb. 4-1: Einseitiges Gefangenendilemma in Bezug auf Chancengleichheit ... 20
Abb. 4-2: Überwundenes einseitiges GD in Bezug auf Chancengleichheit ... 21
Abb. 4-3: Zweiseitiges GD zw. Unternehmen in Bezug auf Chancengleichheit ... 22
Abb. 4-4: Überwundenes zweiseitige GD zw. Unternehmen in Bezug auf CG ... 23
Abb. 4-5: Zweiseitiges GD zw. Unternehmen in Bezug auf CG in einer Freerider-Situation ... 24
Abb. 4-6: Einseitiges Dilemma zw. Kunden und Unternehmen ... 41
Abb. 4-7: Überwundenes einseitiges Dilemma zw. Kunden und Unternehmen ... 43

Einleitung

Gerade im Zeitalter der Globalisierung mit all ihren Facetten wird es immer wichtiger, Moral und Ethik im unternehmerischen Grundgedanken wieder zu reaktivieren, um dem Ideal eines ehrbaren Kaufmanns neu gerecht zu werden. So viele Chancen eine Weltwirtschaft mit sich bringt, so viele Risiken birgt sie. Ein forcierter Industrialismus und eine Zunahme der Entropie führen mittel- bis langfristig zu einer Selbstzerstörung dieses Systems. Es müssen vor allem seitens der international agierenden Wertschöpfungsagenten Maßnahmen getroffen werden, die unternehmensethische Werte in deren Visionen und Strategien zu verankern geeignet sind. Dabei sollen diese Werte und Maßnahmen für die multinationalen Unternehmen kein Opfer auf Kosten des Gewinnstrebens darstellen, sondern vielmehr eine Investition in eine gegenseitige Besserstellung. Viele Wirtschaftszweige haben dieses Problem bereits erkannt und versuchen über Verhaltenskodizes ihre Ideen und Vorstellungen gegenüber ihren Stakeholdern zu kommunizieren.

Anhand zweier ausgewählter Unternehmen derselben Branche soll gezeigt werden, inwiefern Verhaltenskodizes geeignet sind, soziale Dilemmata zu überwinden. Dabei handelt es sich um BP und Royal Dutch Shell als weltweit agierende Mineralölunternehmen, die in der Förderung, der Veredelung und dem Verkauf von Mineralöl bzw. Erdöl und Erdöl-Produkten tätig sind. Erdöl ist einer der bedeutendsten und meistverkauften Rohstoffe überhaupt, insbesondere, als Treibstoff im Transportwesen, als Rohstofflieferant in der chemischen Industrie und als Brennstoff in der Wärmeerzeugung kaum wegzudenken. Dank dem enormen Einfluss des Erdöls bildet die Erdölindustrie eines der größten Industriezweige der Welt. Generell unterscheiden sich Mineralölunternehmen in zwei Gruppen: Die staatlich kontrollierten Erdölfördergesellschaften und die privaten, börsennotierten Unternehmen, wobei die privaten wie BP und Royal Dutch Shell im Erdölgeschäft den kleineren Stellenwert ausmachen. Die Unternehmen stehen momentan vor dem Problem, dass einerseits die Nachfrage nach Öl immer weiter zunimmt, diese aber gleichzeitig negativ mit einer Abnahme der Erdölvorkommen korreliert. Dieses Problem kann jedoch zugleich einen Anreiz oder eine Chance bedeuten, die aus diesen Geschäften gewonnenen Umsätze in regenerative Energiequellen zu investieren, wie es BP und RDS bereits tun. Allerdings verursachen sie beide negative externe Effekte, die der Umwelt schaden. Die Marktform, in der die Unternehmen agieren, kann als ein Angebotsoligopol bezeichnet werden. Dies bedeutet, dass eine relative kleine Gruppe von Anbietern einer Vielzahl von Nachfragern gegenübersteht. Angesichts dessen lassen sich branchenspezifische Probleme wie der Verdacht von Preisabsprachen, Arbeitsschutz, die Gesundheit der Mitarbeiter und vor allem aber der

Umweltschutz erkennen. Als branchenunabhängige Herausforderungen sind der prinzipielle Umgang mit den Stakeholdern, insbesondere mit den Mitarbeitern, in Bezug auf Chancengleichheit und Datenschutz, Korruptionsprävention, Kartelle und der Schutz von Firmenkapital und Vermögenswerten auszumachen.

Folgende Thesen stehen dabei im Fokus der Argumentation des Verfassers vorliegender Arbeit:

1. Compliance und Integrity – Kontrolle schafft Vertrauen.
2. Verhaltenskodizes sind ein geeignetes Managementinstrument zur Überwindung von Interdependenzen.
3. Falsch formulierte VK fördern Freerider-Situationen.
4. Verhaltenskodizes führen zu einer gegenseitigen Besserstellung aller Beteiligten und sind somit essenziell für eine langfristige Existenzsicherung.
5. Branchenspezifische Verhaltenskodizes ersetzen individuelle.
6. Risikominimierung und Imageverbesserung sind die eigentlichen Anreize für Selbstbindungsmaßnahmen.

Der Aufbau gestaltet sich wie folgt: Zunächst wird kurz auf die für die Analyse wichtigen Tools der Unternehmensethik eingegangen und diese vorgestellt. Dabei liegt der Schwerpunkt auf der orthogonalen Positionierung und dem Gefangenendilemma. Im Anschluss erfolgt eine deskriptive Darstellung der beiden Unternehmen, wobei vor allem auf die jeweiligen Inhalte der Verhaltenskodizes eingegangen wird. Daraufhin soll an ausgewählten Beispielen eine vergleichende Analyse der getroffenen Maßnahmen vorgenommen werden, wobei auf konkrete Dilemmastrukturen Bezug genommen wird. Zum Abschluss folgt ein kurzes und prägnantes Resümee.

1 Tools der Unternehmensethik

Die Unternehmen als korporative Akteure können, wenn sie in der Lage sind, Handlungs- und Denkblockaden zu überwinden, also ihre Perspektive zu erweitern, Moral als zusätzlichen Produktionsfaktor nutzen. "There is a natural inclination to direct the search for possible solutions to the north-east: the win-win semantics postulates that corporate actors should search for arrangements that will bring their private interest in line with the public interest."[1]

---

[1] Pies, Hielscher und Beckmann (2009; S. 380 f.).

Gelingt es dem Unternehmen, aus dem Trade-off zwischen Eigen- und Fremdinteresse auszubrechen und mittels geeigneter Instrumente, wie es Verhaltenskodizes sein können, moralische Belange in den Dienst des Gewinnstrebens zu stellen, so realisiert der Unternehmer anstatt eines Nullsummenspiels (win-lose) eine Situation, bei der sich alle Beteiligten besserstellen können. Dieser Perspektivwechsel in nordöstlicher Richtung, bei der die Interessenkonflikte überwunden worden sind, wird auch als orthogonale Positionierung bezeichnet.[2] Historische Beispiele belegen, wie es Unternehmen gelungen ist, solche Win-win-Situationen zu realisieren. Ein Pionier seiner Zeit ist u. a. Krupp. Indem er seinen Mitarbeitern öffentliche Güter wie Arbeiterversicherungen oder Fortbildungsprogramme zur Verfügung gestellt hat, um dadurch soziale Probleme abzufedern und seine MA dauerhaft an das Unternehmen zu binden, hat er die Leistungsfähigkeit seines Betriebes und somit seinen Gewinn steigern können. Ford hat seinen MA höhere Löhne gezahlt und somit deren Motivation verbessert und die Fluktuationsrate verringert, was sich wiederrum positiv auf den Unternehmensgewinn ausgewirkt hat.[3] Zu erkennen ist, dass sich die Unternehmer einer moralischen Investition bedienen und diese sich mittel- bis langfristig positiv auf den Unternehmenserfolg niederschlägt. Entscheidend hierbei ist die jeweilige Bindungstechnik, die wiederum von der vorliegenden Dilemmastruktur und deren Interaktionspartnern abhängig ist. Dabei ergeben sich jeweils vier grundsätzliche Strategien:

- Strategie I stellt einen Service für kollektive Bindung dar,
- Strategie II einen Service für individueller Selbstbindung,
- Strategie III eine individuelle Selbstbindung und
- Strategie IV eine kollektive Selbstbindung.[4]

Damit die jeweilige Strategie erfolgswirksam ist, müssen zunächst die jeweiligen Dilemmasituationen erkannt und analysiert werden. Dilemmastrukturen sind Ergebnisse, bei denen sich die Interaktionspartner aufgrund von Handlungsblockaden und Interdependenzen schlechterstellen, obwohl es durchaus möglich wäre, ein Ergebnis zu erzielen, bei dem sich alle Beteiligten besserstellen könnten.[5] Um solche Interaktionen so zu optimieren, dass sich das Dilemma auflöst, müssen sich die Spielregeln ändern. Auf dieser neu geschaffenen Grundlage verändern sich die Spielzüge der Spieler derart, dass soziale Dilemmastrukturen überwunden werden können und sich alle Beteiligten des Spiels dadurch besserstellen. Doch nicht jede Regel kann universell für alle Spiele angewandt werden. Man muss hierbei

---

[2] Vgl. Pies (2009a; S. 14).
[3] Vgl. Pies (2009a; S. 268).
[4] Vgl. Küpper (2011; S. 143).
[5] Vgl. Pies (2009a; S. 167).

zwischen einseitigen und zweiseitigen Dilemmata unterscheiden: Typisch für ein **einseitiges Dilemma** ist die asymmetrische Anreizkonstellation. Die Asymmetrie besteht darin, dass nur einer der beiden Parteien in der Lage ist, die vorab erbrachte Leistung des anderen aufgrund seiner Handlungsoption „Ausbeutung" auszunutzen. Die Literatur spricht dabei auch von einer negativen Freiheit.[6] Ein weiteres Merkmal einseitiger Spiele sind vertikale Beziehungen zwischen den Interaktionspartnern, d. h. die Teilnehmer des Spiels sind gewissermaßen heterogen. Typisch hierfür sind Spielsituationen mit MA und ihren Vorgesetzten, also Spiele, die durch Hierarchien gekennzeichnet sind. Eine Dilemmasituation ergibt sich im Folgenden, wenn Spieler 2 die Vorleistung von Spieler 1 durch seine negative Freiheit ausbeutet. Dies antizipiert Spieler 1, da er damit rechnen muss, dass seine Investition vom Gegenspieler ausgebeutet wird. Die Folge ist ein stabiles, jedoch pareto-inferiores Gleichgewicht, bei dem alle Beteiligten unter ihren Möglichkeiten bleiben. Die Lösung scheint trivial: Schränke die negative Freiheit von Spieler 2 ein und ermögliche damit positive Freiheit. Dies bedeutet, dass Spieler 2 mittels individueller Selbstbindung seine Ausbeutungsoption durch eine glaubhafte Selbstverpflichtung unattraktiv macht, sodass Spieler 1 seine Investition tätigt, Spieler 2 diese jetzt nicht mehr ausnutzt und somit sich alle beteiligten Spieler besserstellen können. Das Ergebnis ist pareto-optimal und stellt eine Win-win-Lösung dar.[7] Der wesentliche Unterschied bei einem **zweiseitigen Dilemma** zum einseitigen besteht darin, dass eine symmetrische Anreizkonstellation vorliegt und die Spieler gewissermaßen homogen sind. Homogen bedeutet in diesem Kontext, dass kein hierarchisches Verhältnis vorliegt, also die Interaktion auf horizontaler Ebene stattfindet. Dies kann z. B. ein Spiel zwischen gleichrangigen MA sein. In diesen Fall hat sowohl Spieler 1 als auch Spieler 2 die Möglichkeit, von der Kooperation abzuweichen. Jeder verhält sich so, wie er es von den anderen erwartet, wodurch ein pareto-inferiores Gleichgewicht initiiert wird. Die Ausgangslage gestaltet sich wie folgt: Beide Spieler haben die Möglichkeit, entweder zu kooperieren oder zu defektieren, also von der Kooperation abzuweichen. Aufgrund dieser Handlungsmöglichkeiten ergeben sich vier denkbare Pay-offs:

- Im ersten Fall halten sich beide Spieler an die vorab vereinbarte Kooperation. Angesichts der nun vorliegenden negativen Freiheit, von der Kooperation abzuweichen, ergeben sich drei weitere Ergebnisse.
- Im zweiten Fall hält sich Spieler 1 nicht an die Kooperation.
- Im dritten Fall weichen beide Spieler von der Kooperation ab und

---

[6] Vgl. Pies (2009a; S. 165).
[7] Vgl. Pies (2009a; S. 99 f.).

- im vierten Fall hat Spieler 2 einen Anreiz, von der Kooperation abzuweichen.

Aus Sicht des Einzelnen besteht jedoch ein Anreiz die Kooperationsalternative des anderen auszubeuten, in dem er selbst nicht kooperiert und somit individuell einen größeren Nutzen erzielt, solange die andere Partei sich an die Kooperation hält. Angesichts dieser Bedingungen werden beide Spieler von der Kooperation abweichen und das pareto-inferiore Gleichgewicht Fall 3 realisieren.[8] Es kommt zu einer kollektiven Selbstschädigung, bei der eine individuelle Selbstbindung nicht mehr ausreichend ist, um diese zu überwinden. Denn würde nur einer der beiden Spieler seine Defektionsstrategie sanktionieren und der andere nicht, so würde beispielsweise Spieler 1, der sich jetzt aufgrund seiner individuellen Selbstbindung an die Kooperation hält, sich gleichzeitig schädigen, indem er Spieler 2 zum Nutznießer werden lässt. Eine Lösung für dieses Dilemma können nur kollektive Selbstbindungen in Form von Branchenvereinbarungen darstellen. Das bedeutet: Verhaltenskodizes sind ungeeignet, um zweiseitige Dilemmastrukturen zu überwinden. Sie können jedoch bei richtiger Anwendung dem Unternehmen zu Vertrauen und Integrität verhelfen. Diese Werte bilden wiederum eine gute Ausgangslage und das Fundament für Glaubwürdigkeit und Vertrauen, die die Eckpfeiler für kollektive Arrangements schaffen und somit kollektive Selbstbindungen etablieren können.[9] Bisher bleibt festzuhalten, dass man zunächst die jeweiligen Dilemmastrukturen der Unternehmen richtig erkennen muss, um im Anschluss das passende Tool zu wählen, das diese Strukturen aufzulösen vermag. Dabei spielen Verhaltenskodizes eine entscheidende Rolle. Diese stellen zunächst eine Einschränkung der negativen Freiheit dar, können jedoch langfristig eine Investition in positive Freiheit bedeuten. Sie sind proaktive Instrumente für gezieltes, strategisches Risiko- und Chancenmanagement und sollten nicht nur aufgrund von sog. „bad news" reaktiv gestalten werden, um auch tatsächlich und nicht nur scheinbar einen Wertschöpfungsbeitrag leisten zu können. Inwiefern die Unternehmen BP und Royal Dutch Shell einen Verhaltenskodex verstehen, wird im Laufe dieser Ausarbeitung ersichtlich werden. Sind sie eher defensiv gestaltet, also zielen sie mehr auf den Zweck der Schadensbegrenzung durch Imageverlust ab, oder sind sie proaktiv und versuchen gezielt, „Moral als Produktionsfaktor" in ihre Unternehmensstrategie mit einzubinden und als integrer Akteur einen entscheidenden Beitrag in unserer heutigen Wissensgesellschaft zu leisten? Dieser Frage geht die Arbeit im Folgenden nach.

---

[8] Vgl. Pies (2009a; S. 98 f.).
[9] Vgl. Pies (2009a; S. 182 f.).

2 BP

In diesem Abschnitt wird das Unternehmen „British Petroleum" vorgestellt. Dabei soll vorab ein kurzes Unternehmensprofil aufgestellt und auf unternehmensspezifische Probleme und die damit einhergehenden Herausforderungen eingegangen werden. Darauf folgt ein kurzer Exkurs, bei dem generelle Voraussetzungen für einen guten Verhaltenskodex genannt werden. Im Anschluss geht die Arbeit explizit auf den Verhaltenskodex ein, insbesondere auf die inhaltlichen Schwerpunkte, den Aufbau und auf den Schwerpunkt, den der Kodex setzt.

2.1 Das Unternehmen BP: Zahlen, Fakten, Hintergründe

Im Jahre 1908 glückte einer kleinen Gruppe von Pionieren im früheren Süden Persiens ein erster Ölfund, woraufhin William Knox D'Arcy im April 1909 die Anglo Persian Oil Company ins Leben gerufen hat.[10] Der Markenname BP entstand acht Jahre darauf und ist auf die British Petroleum Company zurückzuführen. 1935 erfolgte eine Umbenennung in Anglo-Iranian Oil Company und 1954 in British Petroleum Company.[11] Nachdem ARCO, Vastar und Burmah Castrol das Geschäft übernommen hatten, agiert der Betrieb seit 2000 als BP mit dem markanten BP-Helios als Logo.[12]

Die Hauptaktivitäten von BP liegen in der Beschaffung und Verarbeitung von Erdöl bzw. Erdgas, wobei sich seine Tätigkeitsfelder mittlerweile auf CO_2-arme und regenerative Energiequellen im Bereich der Biokraftstoffe und Windkraft ausgedehnt haben.

BP ist ein international auftretendes Energieunternehmen. Weltweit realisierte BP 2010 einen Umsatz von 297 Milliarden US-Dollar und beschäftigte in etwa 80 000 Menschen.[13] Europaweit ist BP mit seinem Tankstellennetzwerk und im Schmierstoffhandel führend, wobei es unter den Marken Aral (Tankstellen, Schmierstoffe) und Castrol (Schmierstoffe) bekannt ist. Der Hauptsitz der BP Europa SE ist in Hamburg.[14]

Gegenwärtig sieht sich das Unternehmen vor allem von Fragen herausgefordert, die die Sicherheit seiner Anlagen betreffen. Probleme in der Vergangenheit machen dies deutlich:

Am 2. März 2006 kam es auf dem Ölfeld „Prudhoe Bay" in Alaska zu einem Ölleck. 267 000 Gallonen Öl liefen aus und ließen diese Katastrophe zum größten Ölausfluss im nördlichen Alaska in der Geschichte werden. Verantwortlich dafür war ein mangelnder Korrosionsschutz

---

[10] Vgl. BP (2012c; S. 1).
[11] Vgl. BP (2012a; S. 1).
[12] Vgl. BP (2012c; S. 1).
[13] Vgl. BP (2011; S. 2).
[14] Vgl. BP (2011; S. 6).

der Anlagen, der zudem auch noch bekannt war.[15]

BP betreibt in Houston bei Texas City eine seiner größten Raffinerien, die aber zugleich auch eine der unsichersten zu sein scheint: 2005 kam es zu einem schweren Betriebsunfall, der insgesamt 15 Todesopfer und zahlreiche Verletzte zur Folge hatte.[16]

Das bislang jüngste Ereignis, das BP und die Welt erschütterte, liegt gerade zwei Jahre zurück. Im April 2010 kam es auf der Ölplattform „Deep Water Horizon" im Golf von Mexiko zu einer gewaltigen Explosion, deren Folge an eine globale und ökologische Katastrophe grenzt: Täglich liefen zum Zeitpunkt des Unglücks mehrere Tonnen Öl ungehindert in das offene Meer. Der US-Bundesstaat Louisiana rief den Notstand aus. Zahlreiche Fischer und Unternehmen in den Küstenregionen verloren ihre Arbeit. Die negativen externen Effekte dieses Unglücks sind enorm und in monetären Einheiten kaum zu beziffern. Auch hier lagen technische Mängel vor. [17]

2.2 Der Verhaltenskodex von BP

Exkurs: Die Grundfunktionen eines guten Verhaltenskodex

„Ein Business Code ist ein unabhängiges Dokument, das von einem Unternehmen und für ein Unternehmen entwickelt wurde als Richtlinie für die aktuelle und zukünftige Verhaltensweise seiner Manager und Mitarbeiter."[18] Im Kern gibt diese Definition die wesentlichen Aufgaben eines vernünftig ausgestalteten Kodex wieder. Ein Kodex ist kein Katalog aus Rechten und Pflichten. Er gibt lediglich eine Richtlinie für Verhaltensstandards. Er ist nicht statischer, sondern dynamischer Natur, denn er ist vor allem nicht nur gegenwartsbezogen, sondern strategisch und langfristig orientiert und sollte von daher anpassungsfähig und flexibel sein. Die vier Eigenschaften, die einen guten Inhalt auszeichnen, sind:

(1) umfassend

Dies bedeutet, dass ein guter Kodex auf all diejenigen Herausforderungen, mit denen sich das Unternehmen konfrontiert sieht, eingeht. Das sind u. a. branchenunabhängige wie auch branchenspezifische Probleme. Ein Chemieunternehmen, das sich nicht mit Umweltproblemen befasst, hat sein Ziel verfehlt. Eine Bank, die Insidergeschäfte ignoriert, hat eine Lücke

---

[15] Vgl. BBC News (2006; S. 1).
[16] Vgl. Der Spiegel (2007; S. 1).
[17] Vgl. Focus (2010; S. 1) sowie Demonstrare (2010; S. 1).
[18] Wieland, Steinmeyer und Grüninger (2010; S. 294 Z. 1–3).

im Inhalt ihres Kodex.[19]

(2) moralisch vertretbar

Die Tatsache, dass ein Thema erörtert wird, besagt noch lange nichts über dessen Substanz. Mit anderen Worten sollte die angesprochene Position vertretbar sein, einer moralischen Prüfung standhalten, und ferner sollte bezüglich der Position allgemeiner Konsens erreicht werden.[20]

(3) authentisch

Ein umfassender und moralisch vertretbarer Code ist noch lange kein guter Code. Solange der konkrete Bezug zur Unternehmensphilosophie des Unternehmens fehlt, reicht ein einfacher „Copy-Paste"-Befehl. Lange Zeit dienten z. B. die Shell Business Principles als Vorlage für zahlreiche folgende Kodizes. Von daher sollte ein guter Code an die Organisation angepasst werden: „dass er nicht nur etwas aussagt, sondern dass das, was er sagt, auch wesentlich ist".[21] Der Geist des Unternehmens muss vom Kodex ausgestrahlt werden. Nur dann ist ein VK auch authentisch.

(4) beherrschbar

Eine vierte und letzte wichtige Eigenschaft eines guten VK ist seine Beherrschbarkeit. Ein Code kann alle relevanten Belange enthalten, die zudem authentisch und moralisch vertretbar sind. Ohne deren Eigenschaft der Durchführbarkeit und Praktikabilität ist ein Kodex unzureichend. Das heißt: Er muss in der Praxis umsetzbar, gut strukturiert, verständlich und stimmig sein.[22]

---

[19] Vgl. Wieland, Steinmeyer und Grüninger (2010; S. 295).
[20] Vgl. Wieland, Steinmeyer und Grüninger (2010; S. 297).
[21] Wieland, Steinmeyer und Grüninger (2010; S. 300 A. 3 Z. 3–4).
[22] Vgl. Wieland, Steinmeyer und Grüninger (2010; S. 301 f.).

Der Fokus des Verhaltenskodex von BP liegt auf dem Wert „Integrity". Damit ist eine gezielte Selbststeuerung der MA durch intrinsische Motivation und Schaffung einer Vertrauenskultur gemeint.[23] „Große Unternehmen gründen sich auf Vertrauen. Wenn unser Unternehmen wachsen und gedeihen soll, brauchen wir das Vertrauen unserer Kunden, von Investoren, Mitarbeiterinnen und Mitarbeitern, des lokalen Umfelds, in denen wir tätig sind, und im weitesten Sinne der Zivilgesellschaften, deren Teil wir sind."[24] Die Interessengruppen, die der Verhaltenskodex demnach ansprechen soll, beziehen sich im engeren Sinne auf die Angestellten, Kunden, Anteilseigner, die Regionen und deren Regierungen, in denen das Unternehmen tätig ist, und im weitesten Sinne auf die Zivilgesellschaft selbst.

Bindend ist der Kodex jedoch nur für die Mitarbeiter. Die Selbstverpflichtung wird dadurch erreicht, das jeder einzelne MA bei Verstößen gegen den Kodex mit Disziplinarmaßnahmen rechnen muss, die bis zur Entlassung führen können: „Der Verhaltenskodex ist verbindlich, ohne jede Ausnahme. Jede und jeder Einzelne bei BP ist dafür verantwortlich, die Anforderungen des Kodex zu erfüllen. Missachtungen ziehen disziplinarische Maßnahmen nach sich, die Kündigungen einschließen."[25]

Dabei wird ersichtlich, dass Integrität, die Vertrauen generieren soll, ein gesundes Maß an Compliance voraussetzt. Unter Compliance kann man im engeren Sinne alle Vorkehrungen eines Unternehmens verstehen, die die gesetzten Standards und Ziele wie z. B. die Generierung von Vertrauen gewährleisten sollen.[26]

Das Compliance-Management bei BP äußert sich in einer Meldepflicht. Die Pflicht zur Meldung besteht immer dann, wenn der Verdacht auf Verstoß gegen den VK vorliegt. Das Meldeverfahren kann auf unterschiedlichen Wegen erfolgen: Im ersten Schritt sind der/die unmittelbaren Vorgesetzte/-n oder die Personalabteilung involviert. Zudem wurden zusätzliche Schiedsstellen wie „BP Legal" und die „Group Compliance and Ethics" eingerichtet. Bei „Group Compliance and Ethics" handelt es sich um eine unabhängige Organisation mit Sitz in London, deren Hauptaufgabe in der Sicherstellung und Einhaltung des Verhaltenskodex liegt. Hat der Meldende jedoch Bedenken, nach der Bekanntgabe von Verstößen durch seine MA mit Repressalien abgestraft zu werden, gibt es zusätzlich die Möglichkeit einer anonymen Meldung über die „Open Talk"-Hotline oder über Ombudsstellen. Für den Fall, dass sich der zu Meldende unsicher ist, ob es sich bei dem Verdacht auch tatsächlich um einen Verstoß handelt, hat BP in seinen Kodex Kontrollfragen

---

[23] Vgl. Wieland, Steinmeyer und Grüninger (2010; S. 347).
[24] BP (2005; S. 1 Z. 1–3).
[25] BP (2005; S. 1 Z. 10–12).
[26] Vgl. Wieland, Steinmeyer und Grüninger (2010; S. 18).

eingeschaltet, die die Entscheidung des Meldenden vereinfachen sollen:

Ist der betreffende Vorgang legal?
Verletzt er Verpflichtungen oder Zusagen, die Sie eingegangen sind?
Steht er im Einklang mit dem BP Code of Conduct?
Halten Sie es rein gefühlsmäßig für den richtigen Schritt?
Verstößt er gegen die BP-Unternehmenswerte?
Setzt er BP unannehmbaren Risiken aus?[27]

Wenn die Fragen 1, 3, 4 mit „Ja" und die Fragen 2, 5 und 6 mit „Nein" beantwortet werden können, dann ist die Handlung bzw. die Entscheidung mit hoher Wahrscheinlichkeit korrekt. Das Ziel dieser Fragen besteht darin, den Sensibilisierungsgrad zu erhöhen. Den Vorgesetzten wird hierbei eine besondere Rolle unterstellt: Sie sollen mit gutem Beispiel vorangehen und mit ihrem eigenen, im Sinne des VK, korrekten Verhalten eine Vorbildfunktion übernehmen. Zusätzlich sollen sie sicherstellen, dass die MA die Anforderungen des Kodex verstehen, die Einhaltung des VK durch ihre MA überwachen und sie dabei unterstützen, im guten Glauben Fragen zu stellen und Bedenken zu äußern.[28] Bis hierhin bleibt festzuhalten, dass BP ein Integrity- und Compliance-Management geschaffen hat, indem mittels diverser Kontroll- und Disziplinarmaßnahmen Anreize generiert werden, die integres Verhalten der MA gewährleisten sollen, um langfristig Vertrauen zu schaffen. Für das Management gilt es eine vertrauensvolle und offene Atmosphäre zu schaffen, in der die MA die Möglichkeit haben und ermutigt zu werden, Dilemmata und ethische Problemsituationen offen anzusprechen und zu diskutieren.

Die wesentlichen Punkte des VK sind, beginnend mit den branchen- sowie unternehmensspezifischen Risiken, der sog. HSSE(Health, Savety, Security, Environment)-Standard. Hierbei stehen Aspekte wie die Schaffung eines sicheren Arbeitsumfelds, die Befolgung von Sicherheitsvorschriften und die Verringerung der negativen Auswirkungen auf die Umwelt im Vordergrund.[29] BP gibt dabei eine Vielzahl von Richtlinien und Spielregeln vor, an denen sich die MA orientieren können. Anbei folgt immer ein geeignetes Beispiel eines fragwürdigen Verhaltens mit der korrekten Antwort darauf. Dies soll dazu dienen, den MA die Sachverhalte besser zu verdeutlichen und deren Entscheidungsfindung zu vereinfachen.[30]

„Um ihre HSSE-Vorgaben umzusetzen, hat BP das HSSE-Rahmenwerk „Getting HSSE right" als Grundlage für lokale HSSE-Managementsysteme entwickelt. Dieses Rahmenwerk

---

[27] Vgl. BP (2005; S. 7).
[28] Vgl. BP (2005; S. 6).
[29] Vgl. BP (2005; S. 12).
[30] Vgl. BP (2005; S. 15–17).

erleichtert es den zuständigen Führungskräften, sich auf die wichtigsten HSSE-Anforderungen zu konzentrieren, erforderliche Ressourcen zu planen und bereitzustellen, HSSE-Aktivitäten zu steuern und die HSSE-Bilanz kontinuierlich zu verbessern."[31] Um zusätzlich Transparenz und Vertrauen zu schaffen, veröffentlicht BP jährlich sog. Nachhaltigkeitsberichte, die über verschiedene ökologische, ethische und ökonomische Kennzahlen und Umweltbilanzen den Erfolg oder Misserfolg des Unternehmens illustrieren sollen.[32]
In den nächsten Punkten des VK geht es um branchenunabhängige Probleme wie z. B. um den korrekten Umgang mit den Angestellten. „BP ist ein global operierender Konzern mit ca. 100 000 Angestellten in über 100 Ländern. Die kulturelle Vielfalt unserer Belegschaft gehört zu unseren größten Stärken und wir betrachten jeden Mitarbeiter als wichtiges Mitglied unseres weltweiten Teams."[33] Die Mitarbeiter sind der Motor eines Unternehmens. „Alle Angestellten haben Anrecht auf die Respektierung ihrer Menschenwürde und auf die Wahrung ihrer Interessen."[34] Um diese Grundsätze zu gewährleisten, verpflichtet der Kodex das Unternehmen u. a. dazu, Teamarbeit und Diversity zu fördern, gegenseitiges Vertrauen aufzubauen, eine gleiche und gerechte Behandlung zu gewährleisten, indem niemand diskriminiert wird, Datenschutz und Vertraulichkeit zu generieren und aktiv gegen Kinder- und Zwangsarbeit vorzugehen.[35] Dabei geht der Kodex auf jeden dieser Aspekte sehr detailliert ein. Dies sei am Beispiel „Gleichstellung und gerechte Behandlung" verdeutlicht: Zunächst wird immer ein angestrebter Soll-Zustand beschrieben: „BP strebt ein Arbeitsklima an, das durch gegenseitiges Vertrauen und Respekt gekennzeichnet ist, in dem Diversity & Inclusion geschätzt werden […]"[36] Im Anschluss werden dann die Mittel genannt, also die „Spielregeln", mit denen das gesetzte Ziel erreicht werden soll. Diese Spielregeln geben den MA und Vorgesetzten richtungsweisend vor, was zu tun und zu unterlassen ist. Eine „Grundregel" lautet z. B. Fachkräfte immer nur auf Basis ihrer Eignung und Qualifikation einzustellen und zu versuchen gleichzeitig, Kontraktoren oder Dritte, mit denen das Unternehmen geschäftliche Beziehungen pflegt, von diesen Grundregeln zu überzeugen.[37] Dieser Punkt ist gleichzeitig ein sehr wichtiger, da mit dem Kodex versucht wird, unternehmensübergreifend alle Vertragspartner mit ins Boot zu holen und von den unternehmenseigenen Grundsätzen zu überzeugen. Um den Regeln auch Tragweite zu

---

[31] BP (2005; S. 17 Z. 1–8).
[32] Vgl. BP (2012b; S. 4 f.).
[33] BP (2005; S. 20 Z. 1–4).
[34] Leisinger (1997; S. 188 A. 2 Z. 1–3).
[35] Vgl. BP (2005; S. 18).
[36] BP (2005; S. 20 A. 2 Z. 1–4).
[37] Vgl. BP (2005; S. 20).

verleihen, wird immer auf die Meldepflicht verwiesen, wenn ein Verdacht auf Verstoß gegen diese vorliegt. Zum Abschluss wird wieder exemplarisch an ausgewählten Fallbeispielen durch das vorab erwähnte „Frage-Antwort-System" festgelegt, wie sich die MA in ähnlichen Situationen richtig zu verhalten haben.

Der nächste Abschnitt befasst sich mit Problemen bezüglich des Umgangs mit den Geschäftspartnern. Konkret geht es dabei um Fragen der Geldwäsche, um den Umgang mit Zulieferern, das Wettbewerbs- und Kartellrecht und Interessenskonflikte.[38]

Der vorletzte Abschnitt betrifft die Stakeholder-Perspektive „Regierungen und Gemeinden", in denen BP geschäftlich tätig ist. Dabei geht es um Probleme wie Bestechung und Korruption, den generellen Umgang mit Gemeinden, politische Aktivitäten und Engagement in den betreffenden Gemeinden.[39]

Im letzten Punkt geht der CoC von BP auf den korrekten Umgang mit den Vermögenswerten des Unternehmens und auf deren finanzielle Integrität ein. Schwerpunkte hier sind u. a. die vollständige und korrekte Erfassung von Daten und Unterlagen, Insidergeschäfte, der Schutz von geistigem Eigentum und von Urheberrechten Dritter sowie der Einsatz bzw. Schutz von IT-Systemen.[40]

---

[38] Vgl. BP (2005; S. 26).
[39] Vgl. BP (2005; S. 46).
[40] Vgl. BP (2005; S. 56).

3 Royal Dutch Shell

Im nun Folgenden wird näher auf das Unternehmen Royal Dutch Shell eingegangen, insbesondere auf Chancen und Risiken, mit denen sich RDS in der Öffentlichkeit konfrontiert sieht. Darauf aufbauend wird gezeigt, wie das Unternehmen sich den Herausforderungen mittels eines Verhaltenskodex stellt. Besonders ist dabei auf dessen zentralen Werte, Unternehmensgrundsätze und inhaltliche Schwerpunkte, die der Kodex beinhaltet, einzugehen.

3.1 RDS: Chancen, Risiken, Hintergründe

Die Marke Shell findet seinen Ursprung in der Gründung eines Kuriositätengeschäfts in London vor circa 200 Jahren durch Marcus Samuel.[41] Der Handel beschränkte sich damals auf dekorative Muscheln, zum Ornamentieren für Schachteln oder als Sammlerobjekte. Seine zwei Söhne übernahmen später das Geschäft. Der Muschelhandel wurde zu einem Export-Import-Handel weiterentwickelt, der später durch den Transporthandel von Kerosin für Beleuchtungszwecke abgelöst wurde. 1892 entschied man sich schließlich, Tankschiffe für den Transport von Öl unter dem Firmennamen „The Shell Transport and Trading Company" zu bauen. Dieses Gewerbe wurde im Weiteren ergänzt durch die Förderung und Raffinierung von Öl. Das Unternehmen operiert bis heute mit der Miesmuschel als Logo.[42]

RDS ist in mehr als 90 Ländern international tätig. Weltweit beschäftigt Shell rund 93 000 Mitarbeiter.[43] In Deutschland ist Shell in den Geschäftsfeldern Mineralölverarbeitung und -verkauf, Exploration und Produktion von Erdgas und Erdöl, Erdgas-Vermarktung, Chemie sowie regenerative Energien aktiv. Mit einem flächendeckenden Netzwerk von rund 2 200 Tankstellen ist Shell bundesweit anzutreffen.[44]

Branchenspezifische Herausforderungen sieht das Unternehmen, genauso wie BP in Sicherheitsfragen seiner Anlagen, im Schutz der Arbeiter auf den Plattformen und in der Begrenzung der negativen Externalitäten in Bezug auf die Umwelt.

Unternehmensspezifische Herausforderungen ergeben sich aus der Kritik seitens der Öffentlichkeit: U. a. wird dem Unternehmen die Finanzierung von Bürgerkrieg und Waffenhandel sowie die Kooperation mit Militärregimen in Nigeria angelastet. 1950 begann Shell in Nigeria im Lebensraum der Ogoni gegen deren Einverständnis mit Erdölförderungen. Durch die daraus resultierenden immensen Umweltverschmutzungen wurden die Ogoni ihren

---

[41] Vgl. RDS (2010a; S. 1).
[42] Vgl. RDS (2010a; S. 1).
[43] Vgl. RDS (2010f; S.16).
[44] Vgl. RDS (2010b; S. 1).

Lebensraum beraubt, was wiederum zu zahlreichen Todesfällen geführt hat.[45]
1995 wollte Shell die Plattform „Brent Spar" im Atlantik versenken.[46] Dies stieß auf massive Kritik seitens diverser NPOs, da diese Art von Entsorgung zu möglichen Umweltschäden hätte führen können. Der öffentliche Druck wurde so groß, dass sich RDS entschied, die Plattform an Land zu demontieren. „Die Erfahrungen im Zusammenhang mit der geplanten Tiefsee-Entsorgung der Lager- und Verladeplattform ‚Brent Spar' haben uns gezeigt, dass die Übereinstimmung einer Entscheidung mit Gesetzen und internationalen Bestimmungen allein nicht ausreicht. Hinzukommen muss die notwendige Akzeptanz in der Gesellschaft."[47]
In Irland plant Shell gegen den Willen der hiesigen Bevölkerung die Errichtung einer an Land gebauten Raffinerie für Erdgas. Die Bewohner der Gegend befürchten die Zerstörung ihrer Umwelt und ihrer Lebensgrundlagen. Eine Initiative führt unter dem Namen „Shell to Sea" den Widerstand gegen das Projekt.[48]

3.2 Der Verhaltenskodex von Royal Dutch Shell

Um den branchenspezifischen, branchenunabhängigen und unternehmensspezifischen Herausforderungen gerecht zu werden, hat RDS neben dem „Shell Verhaltenskodex" zusätzlich einen „Shell Ethikkodex" eingerichtet, der speziell auf Geschäftsführer und Finanzvorstände ausgerichtet ist. Die Inhalte beziehen sich auf konkrete Implementierungsanforderungen, Offenlegungskontrollen und die Vermeidung von Interessenkonflikten.[49]
Als Fundament für den Verhaltens- und Ethikkodex dienen Shells Unternehmensgrundsätze, die in einem zusätzlichen Dokument zum Ausdruck gebracht werden. Mit diesen Grundsätzen übernimmt das Unternehmen Shell gegenüber all seinen Stakeholdern Verantwortung. In Bezug auf seine Anteilseigner verspricht RDS langfristige Renditen und die Wahrung des angelegten Kapitals. Bezüglich der Kundenperspektive möchte sich das Unternehmen mittels verbraucherfreundlicher Produkte in Bezug auf Qualität und Umweltverträglichkeit von der Konkurrenz abheben, neue Kunden gewinnen und diese langfristig binden. Die Verantwortung ggü. seinen MA zeichnet sich durch einen respektvollen Umgang, Chancengleichheit und Fort- und Weiterbildungsmaßnahmen aus. Die Zusammenarbeit mit Geschäftspartnern beruht auf Respekt und gegenseitigem Nutzen, wobei die Unternehmensgrundsätze in besonderem Maße gefördert werden sollen. Die gesellschaftliche Perspektive spielt insofern

---
[45] Vgl. Hahn (2009; S. 178–181).
[46] Vgl. Clausen (2009; S. 44).
[47] Leisinger (1997; S. 83 A. 2 Z. 1–7).
[48] Vgl. Readers Edition (2006; S. 1).
[49] Vgl. RDS (2010c; S. 1).

eine Rolle, als Shell sich verpflichtet, alle geltenden Rechte, Verordnungen und Gesetze im Rahmen seiner unternehmerischen Tätigkeit einzuhalten, wobei Gesundheits-, Sicherheits- und Umweltaspekte eine besonders wichtige Rolle spielen.[50]
Die Etablierung dieser Grundsätze ermöglicht die im Verhaltenskodex angestrebten Werte wie Aufrichtigkeit, Integrität sowie Achtung und Respekt umzusetzen. Auch Shell verfolgt das Ziel, „Integrity" zu realisieren, indem bereits vorhandenes moralisches Verhalten der MA gefördert wird, um diese für unternehmensethische Werte gezielt zu sensibilisieren. Das Konzept verfolgt das Ziel, eine Kultur des Vertrauens innerhalb des Unternehmens zu schaffen.[51]
Der CoC von RDS kann in acht Hauptartikel untergliedert werden: Im ersten Abschnitt wird erklärt, wozu Shell einen VK braucht, für wen dieser gilt und was er im Allgemeinen beinhaltet. Er dient, wie bereits erwähnt, zur Etablierung der Unternehmensgrundsätze und gilt für alle MA des Unternehmens, die im Auftrag für Shell tätig sind. Der CoC ist ein Katalog aus Regeln, Standards und erwarteten Verhaltensweisen und gibt dabei praktische Ratschläge zu Gesetzen, Verordnungen und Erwartungen bzgl. des Umgangs mit anderen.[52]
Der darauffolgende Abschnitt verweist auf die Meldepflicht bei Verstößen gegen den Kodex. Der Ablauf bzw. die Struktur ist vergleichbar mit derjenigen von BP. Unmittelbarer Ansprechpartner ist hierbei wieder der direkte Vorgesetzte, jede andere Führungskraft, das Compliance Office oder die „Tell-Shell"- Helpline. Ein weiterer wichtiger Punkt, der dabei angesprochen wird, ist die Gewährleistung von Anonymität bei Meldung, wenn dies gewünscht ist. Die Funktion der anonymen Meldung ist hierbei maßgebend. Dadurch, dass der meldende MA etwaige Vergeltung nicht mehr fürchten muss, ist ein besserer Anreiz zur Offenlegung gegeben. Weiterhin werden in dem Abschnitt Konsequenzen bei Verstoß gegen den Kodex angesprochen. Diese führen je nach Ausmaß u. a. zu Geld- und Haftstrafen, die bis hin zur Entlassung führen können.[53]
Die nun folgenden Abschnitte befassen sich mit den konkreten Schwerpunkten, die der Kodex beinhaltet. Unter der Überschrift „Menschen und Sicherheit" werden branchenspezifische Herausforderungen wie die Sicherheit am Arbeitsplatz und der Umweltschutz angesprochen. Dies wird unter dem Begriff der HSSE-Standards verallgemeinert. Dabei wird ein kollektives Arrangement zwischen beiden Unternehmen ersichtlich: Sowohl BP als auch RDS binden bzw. verpflichten sich, die speziell für diese Branche entwickelten Standards einzuhalten.

---

[50] Vgl. RDS (2005; S. 3 f.).
[51] Vgl. Wieland, Steinmeyer und Grüninger (2010; S. 347 f.).
[52] Vgl. RDS (2010d; S. 1 f.).
[53] Vgl. RDS (2010d; S. 2).

Weitere Punkte zum Thema „Menschen und Sicherheit" sind Aspekte der nachhaltigen Entwicklung. Shell möchte auf ökologisch und sozial verantwortliche Art und Weise den weltweit wachsenden Energiebedarf decken. So heißt es: „Alle unternehmerischen Tätigkeiten müssen das langfristige Wohl der Allgemeinheit zum Ziel haben, die Gesundheit und Sicherheit eigener und fremder Mitarbeiter sowie der Standortanwohner schützen, Beeinträchtigungen für die Standortgemeinden so gering wie möglich halten, Emissionen und die Auswirkungen auf Ökosysteme und die Artenvielfalt minimieren und Energie, Wasser und andere Ressourcen effizient nutzen."[54] Zudem verlangt RDS in diesem Gliederungspunkt eine gleiche und faire Behandlung aller MA. Das Unternehmen duldet kein Mobbing und verlangt die Achtung und Wahrung aller Menschenrechte: „Die ethische Legitimation unserer wirtschaftlichen Tätigkeit besteht darin, dass wir dabei in Übereinstimmung mit den Prinzipien der Allgemeinen Menschenrechtserklärung der Vereinten Nationen und den zentralen Konventionen der Internationalen Arbeitsorganisation vorgehen."[55] RDS bemüht sich, seine Werte und Vorstellungen, die von seinen MA umgesetzt werden sollen, so klar wie möglich zu formulieren. Jeder Abschnitt beginnt mit der spezifischen Problemstellung. Im Anschluss erfolgt ein auf das jeweilige Themengebiet zurechtgeschnittenes Verantwortungsprofil mit den einzuhaltenden Prinzipien, oftmals gefolgt von einem auf das Problem fokussierten Fragenkatalog, der den MA mittels einer Selbstüberprüfung Entscheidungssicherheit vermitteln soll.

Der vierte Abschnitt bezieht sich auf Aspekte der Korruptionsbekämpfung. Schwerpunkte sind u. a. der korrekte Umgang mit Regierungsbeamten, Interessenskonflikte, Insidergeschäfte, Geschenke, Einladungen und Geldwäsche.[56]

Im fünften Gliederungspunkt geht es um Fragen bzgl. des nationalen und internationalen Handels, wobei Shell für einen freien, fairen und ethischen Wettbewerb steht. Im Fokus dieser Betrachtung stehen Aspekte wie die Wahrung des Wettbewerbs- und Kartellrechts sowie die Einhaltung und Berücksichtigung von Export- und Importkontrollen.[57]

Der sechste Themenbereich des VK bezieht sich auf den Schutz von Informationen und Vermögenswerten. Wichtige Punkte, die hier angesprochen werden sollen, sind die Wahrung der Privatsphäre und Datenschutz, der Schutz von Vermögenswerten und das Record Management.[58]

---

[54] RDS (2010d; S. 6, A. 3, Z. 4–15).
[55] RDS (2010d; S. 9. A. 1, Z. 1–7).
[56] Vgl. RDS (2010d; S. 10 f.).
[57] Vgl. RDS (2010d; S. 18 f.).
[58] Vgl. RDS (2010d; S. 22 f.).

Das siebte Kapital befasst sich mit Fragen der korrekten Informationsübermittlung: „Achten Sie darauf, dass Ihre Mitteilungen gerechtfertigt und angemessen sind."[59] Konkret geht es hierbei um geschäftliche Kommunikation und die Offenlegung von Informationen.

Im achten und letzten Kapitel wird noch einmal auf die anfangs erwähnten Unternehmensgrundsätze eingegangen.

Ein kurzes Resümee an dieser Stelle: Festzuhalten bleibt, dass sowohl BP als auch RDS mit ihren Verhaltenskodizes Integrität erreichen wollen, wobei ein Regel- bzw. Compliance-Management in Form einer Meldepflicht bei beiden ins Leben gerufen wurde, das Werte wie Aufrichtigkeit und Respekt etablieren soll. Das heißt im Klartext: Um Integrity zu gewährleisten, bedarf es eines Mindestmaßes an Compliance. Somit lässt sich festhalten: *Compliance und Integrity – Kontrolle schafft Vertrauen.* Dies bedeutet: Es gibt kein „Entweder-oder" sondern ein gesundes Maß von beiden Elementen. Sich allein auf Regeln zu stützen, bedeutet den Nachteil, dass ein Tunnelblick geschaffen wird, bei dem längst nicht alle Handlungen in Regeln formuliert werden können. „Es wird immer Grauzonen geben. Ein Zuviel an Regeln hat eine lähmende oder hemmende Wirkung."[60] Ein Zuwenig an Regeln und Zuviel an Werten kann den MA Freiheiten ermöglichen, die eigentlich unerwünscht sind. Von daher sollten beide Komponenten in einem ausgewogenen Verhältnis stehen. Sowohl BP als auch RDS haben diesen Spagat zwischen Regeln und Werten durch die Implementierung eines Integrity- und Compliance-Managements gut realisiert.

Zudem bleibt festzuhalten, dass beide Kodizes *umfassend* sind, indem die für die Unternehmen relevanten Probleme und Herausforderungen im Kodex angesprochen werden. Speziell der HSSE-Standard spielt hierbei eine wesentliche Rolle. Alle relevanten und aktuellen Angelegenheiten für das Unternehmen und für die Branche werden im sinnvollen Rahmen im Kodex mitberücksichtigt.

Zuweilen scheinen die Codes *authentisch*, da sie beide in gewisser Hinsicht trotz vieler Gemeinsamkeiten bzgl. ihrer Schwerpunkte einen eigenen Charakter und Charme in Bezug auf Aufbau, Gestaltung und Sprachstil aufweisen.

Die Codes sind zudem auch *moralisch vertretbar*, da sie neben ihren eigenen Grundsätzen und Wertvorstellungen zusätzlich die gegebenen Vorschriften und Verordnungen sowie Sitten und Gebräuche in den jeweiligen Ländern, wo sie tätig sind, mit berücksichtigen und respektieren: „BP hält sich strikt an die Vorschriften, die in einigen Ländern unter dem Begriff ‚Wettbewerbsrecht' und in anderen unter dem Begriff ‚Kartellrecht' zusammengefasst

---

[59] RDS (2010d; S. 28, A. 1 Z. 2–4).
[60] Wieland, Steinmeyer und Grüninger (2010; S. 303 A. 5 Z. 3–4).

sind [...]"[61] „Die ethische Legitimation unserer wirtschaftlichen Tätigkeit besteht darin, dass wir dabei in Übereinstimmung mit den Prinzipien der Allgemeinen Menschenrechtserklärung der Vereinten Nationen und den zentralen Konventionen der Internationalen Arbeitsorganisation vorgehen."[62] Auch wird versucht, sämtliche Interessen der betroffenen Stakeholder in den Codes mit zu berücksichtigen.

Inwiefern die Codes auch *beherrschbar* sind, kann an dieser Stelle noch nicht gesagt werden, da der Praxisbezug und die Erfahrungswerte fehlen. Der anschließende Vergleich ausgewählter Problemstellungen mit den dazugehörigen Dilemmata kann jedoch einen guten Ausgangspunkt zu deren Beherrschbarkeit eröffnen. Vorab kann ein kleiner, jedoch nicht unwesentlicher Kritikpunkt für den Code von BP erwähnt werden: Da beide multinationale Unternehmen MA auf der ganzen Welt beschäftigen, wäre es empfehlenswert, auch die CoC in der jeweiligen Landessprache anzubieten. So haben z. B. Texas Instruments und Johnson & Johnson ihre Codes in 11 bzw. 36 Sprachen veröffentlicht.[63] Auch Shell bietet auf seiner Homepage den Kodex in 17 verschiedenen Landessprachen zum Download an, wohingegen BP nur einen deutschen und englischen zur Verfügung stellt.

---

[61] BP (2005; S. 36 Z. 1–3).
[62] RDS (2010d; S. 9 Z. 1–7).
[63] Vgl. Wieland, Steinmeyer und Grüninger (2010; S. 302).

4 Die Verhaltenskodizes von BP und RDS im Vergleich

Im nun Folgenden werden die oben vorgestellten Verhaltenskodizes und Maßnahmen beider Unternehmen anhand einiger ausgewählter branchenunabhängiger sowie branchenspezifischer Probleme bzgl. ihrer Wirkungsweise miteinander verglichen und analysiert.

4.1 Mitarbeiter und Gesellschaft

Begonnen werden soll diese Untersuchung mit Problemen, die sich seitens der Mitarbeiter- und der Gesellschaftsperspektive ergeben. Diese Herausforderungen sind sowohl branchenspezifisch als auch branchenübergreifend und nehmen gerade deshalb, weil sie einen Großteil der multinationalen Unternehmen tangieren, einen sehr hohen Stellenwert ein.

Alle MA haben einen Anspruch, dass ihre Interessen in Bezug auf Arbeitsplätze und Löhne, die die Lebensbedingungen verbessern, gewahrt werden. Diskriminierung aufgrund von Alter, Rasse, Religion und anderen Unterschieden haben die Unternehmen weder zu dulden noch zu praktizieren. Sie sollen Ideen, Vorschlägen, Anregungen, Fragen und Beschwerden der Angestellten offen gegenüberstehen, ihnen zuhören und, wenn möglich, danach handeln.[64]

Gegenüber der Gesellschaft müssen die Unternehmen eine besondere Rolle übernehmen, indem sie sich für Menschenrechte und Umweltschutz einsetzen und eine ethische Kulturverantwortung übernehmen, in der die Vollendung einer humanen Gesellschaft liegt. Schließlich gehört es zur Pflicht global agierender Unternehmen, wo immer möglich, humanitäre Hilfe, Beiträge zur Bildung und Kultur sowie karitative Spenden zu leisten.[65]

4.1.1 Chancengleichheit

Bezüglich dieses Themas ergibt sich aus Sicht eines potenziellen MA die Frage, ob er langfristig sein Humankapital in das Unternehmen investieren sollte oder nicht. Die Möglichkeit der Ausbeutung ergibt sich durch das Unternehmen selbst. Es kann von der negativen Handlungsoption Gebrauch machen und die getätigte Investition des MA zugunsten des Unternehmens ausnutzen, indem es den MA ggü. der restlichen Belegschaft diskriminierend behandelt. Eine ungleiche bzw. diskriminierende Behandlung kann sich u. a. darin äußern, dass ein Mitarbeiter aufgrund von leistungsunabhängigen Faktoren wie Religionszugehörigkeit oder Herkunft weniger Lohn erhält als der Rest der Belegschaft. Der Anreiz besteht darin, Personalkosten einzusparen und den Unternehmensgewinn zu erhöhen. Dies antizipiert der mögliche Angestellte, indem er seine Arbeitskraft erst gar nicht zur

---

[64] Vgl. Leisinger (1997; S. 188).
[65] Vgl. Leisinger (1997; S. 190).

Verfügung stellt. Das Ergebnis ist ein pareto-inferiores NG, bei dem kein Vertragsabschluss zustande kommt und sich alle Beteiligten schlechterstellen. Dieses Szenario ist ein einseitiges Gefangenendilemma, das in der folgenden Darstellung noch einmal verdeutlicht werden soll. Dabei ergeben sich drei verschiedene Pay-offs, wobei die erste Zahl die Auszahlung für den MA darstellt und die zweite Zahl die Auszahlung für das Unternehmen.[66]

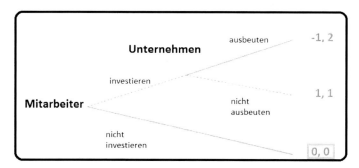

Abb. 4-1: Einseitiges Gefangenendilemma in Bezug auf Chancengleichheit.
Quelle: Eigene Darstellung. In Anlehnung an Pies (2009a; S. 122).

Unter den geg. Anreizen und den Verhaltens- bzw. Zielinterdependenzen, die zw. den Interaktionspartnern vorliegen, ergibt sich ein Nutzen von jeweils null, obwohl ein Pay-off existiert, bei dem sich alle Beteiligten besserstellen könnten. Um dieses Dilemma zu lösen, haben sich beide Unternehmen in ihren VK zu Chancengleichheit verpflichtet. „Shell stellt sicher, dass Personalentscheidungen auf der Basis der relevanten Qualifikationen, der Eignung, der Leistung und anderer Faktoren getroffen werden, die mit der jeweiligen Position in Zusammenhang stehen. Shell duldet keinerlei rechtswidrige Diskriminierung im Rahmen des Arbeitsverhältnisses."[67] Dabei verweist das Unternehmen auf die angestrebten zentralen Werte und seine Unternehmensgrundätze, die es einzuhalten gilt. Shell verlangt von seinen MA bei Personalentscheidungen, sich ausschließlich von der Qualifikation, der Eignung und der Leistung der betreffenden Person sowie von geschäftlichen Erwägungen leiten zu lassen, wobei niemand aufgrund von Abstammung, Nationalität, Hautfarbe, Religionszugehörigkeit, Alter, Geschlecht, sexueller Orientierung, Familienstand oder Behinderung benachteiligt werden darf.[68] Zur Selbstüberprüfung stellt Shell den MA Kontrollfragen zur Verfügung, die

---

[66] Hierbei handelt es sich um ordinale Nutzanagaben, wobei gilt: 2 > 1 > 0 > –1.
[67] RDS (2010d; S. 7 A. 1 Z. 1–8).
[68] Vgl. RDS (2010d; S. 7).

ihm dabei helfen sollen, die richtige Entscheidung bzgl. dieses Themas zu treffen. BP verfolgt das Ziel, unternehmensintern eine Gleichstellung und gerechte Behandlung zu etablieren und die Personalvielfalt nicht als Hemmnis zu betrachten, sondern als Chance zu nutzen. Eine gute Basis hierfür sind offene und konstruktive Gespräche, die Förderung der Mitarbeiterfähigkeiten, die Anerkennung seiner erbrachten Leistung, eine Vergütung auf Basis seiner Fähigkeiten und die Schaffung eines Arbeitsklima des Vertrauens, in dem Diskriminierung nicht geduldet wird.[69] Diesbezüglich gibt es für Vorgesetzte oder MA, die Personalentscheidungen treffen, Grundregeln, die es einzuhalten gilt. Dazu zählt etwa, potenzielle MA stets auf Grundlage ihrer nachweisbaren Leistungen und Qualifikation einzustellen, wobei auch hier Faktoren wie Abstammung, Hautfarbe, Religionszugehörigkeit, Geschlecht, Alter, Staatsbürgerschaft, sexuelle Orientierung, Geschlechtsidentität, Personenstand oder Behinderung die Entscheidung nicht beeinflussen dürfen. Zusätzlich wird darauf hingewiesen, Dritte, mit denen das Unternehmen zusammenarbeitet (z. B. Kontraktoren, Agenten oder Partner in einem Joint Venture), zur Anwendung derselben Grundsätze zu motivieren. Dabei werden die BP-Mitarbeiter in die Pflicht genommen, Konflikte zwischen dem Code of Conduct und den Gesetzen, Gepflogenheiten und Praktiken zu melden.[70] All diese Maßnahmen führen dazu, dass die Strategie (ausbeuten) für beide Unternehmen durch die eigene Auferlegung einer Sanktion (s) so unattraktiv wird, dass es ihnen gelingt, sich glaubhaft ggü. den MA zu verpflichten, mehr Chancengleichheit zu gewährleisten.

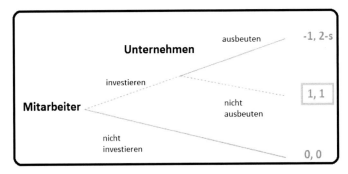

Abb.4-2: Überwundenes einseitiges Gefangenendilemma in Bezug auf CG.
Quelle: Eigene Darstellung. In Anlehnung an Pies (2009a; S. 123).

Das soziale Dilemma wird überwunden, und beide Interaktionspartner stellen sich dadurch

---

[69] Vgl. BP (2005; S. 20).
[70] Vgl. BP (2005; S. 20 f.).

besser. Folglich bleibt festzuhalten: *Verhaltenskodizes sind ein geeignetes Managementinstrument zur Überwindung von Interdependenzen.*

Auf der Grundlage des überwundenen einseitigen GD zw. MA und Unternehmen etabliert sich ein zweiseitiges Dilemma zwischen BP und RDS selbst. Diesbezüglich stellt sich die Frage, wie ernst es die Unternehmen mit dem Thema „Chancengleichheit" meinen. Dabei haben die Unternehmen die Wahl zw. zwei Handlungsoptionen: Die erste Option sieht vor, Chancengleichheit im Unternehmen seriös zu betreiben und etwaige Verstöße sofort zu beanstanden und dagegen vorzugehen. Die Alternative dazu sei es, Chancengleichheit nur zum Schein zu betreiben und auf dem niedrigsten Level zu halten. Aus spieltheoretischer Sicht bezeichnet Alternative 1 die Strategie, sich an die Kooperation zu halten, und Alternative 2 die Option, von der Kooperation abzuweichen. Daraus ergibt sich folgendes Schema mit den jeweiligen Handlungsoptionen und den dazugehörigen Pay-offs:[71]

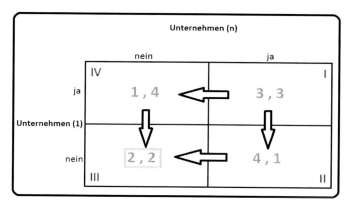

Abb.4-3: Zweiseitige GD zw. Unternehmen in Bezug auf Chancengleichheit.
Quelle: Eigene Darstellung. In Anlehnung an Pies (2009a; S. 98).

Unternehmen$_1$ steht in dem Fall für RDS, wobei Unternehmen$_n$ von BP repräsentiert wird. Die höchste Auszahlung erwartet RDS im II. Quadranten. Diese resultiert daraus, dass U_1 Anreize hat, von der Kooperation abzuweichen. Indem es Chancengleichheit nur ankündigt und nicht konsequent umsetzt, ergeben sich im Wettbewerb Kostenvorteile ggü. der Konkurrenz. Dadurch, dass das Unternehmen bewusst sein Humankapital zu gering wertschätzt und honoriert, also zu niedrige Löhne zahlt und MA diskriminierend behandelt, kann es zusätzlichen Gewinn erwirtschaften und sich ggü. der Konkurrenz besserstellen.

---

[71] Auch hier handelt es sich um ein ordinales Nutzenniveau, wobei gilt: 4 > 3 > 2 > 1.

Die aus Sicht des Unternehmen$_1$ schlechteste Situation im Status quo[72] wäre Quadrant IV, wenn es sich für die Chancengleichheit selbst in die Pflicht nimmt, während Unternehmen$_n$ dies verweigert und gegen die Vereinbarung verstößt und dadurch selbst als Trittbrettfahrer zum Nutznießer wird. Mit diesem Kalkül sieht sich auch Unternehmen$_n$ konfrontiert. Folglich verfolgen U$_1$ und U$_n$ jeweils eine dominante Strategie, und zwar von der Kooperation abzuweichen und zu defektieren. Das Ergebnis befindet sich im III. Quadranten und ist ein pareto-inferiores Nash-Gleichgewicht, bei dem sich alle Beteiligten selbst schädigen. Um dieses Dilemma zu überwinden, bedarf es einer vorangegangenen bzw. vorgeschalteten Überwindung eines einseitigen Dilemmas von beiden Unternehmen. Bezüglich des Themas „Chancengleichheit" ist dies jetzt kein Wettbewerbsnachteil mehr, sondern ein Wettbewerbsvorteil. Das heißt: Sowohl RDS als auch BP haben mithilfe der Selbstverpflichtung zur Sicherstellung von mehr Chancengleichheit das Vertrauen ihrer Stakeholder gewonnen und somit auch mehr MA langfristig an sich binden können. Durch die Auferlegung einer Sanktion bei Verstoß gegen dieses Prinzip machen beide Unternehmen die Defektionsstrategie für sich unattraktiv. Die Folge ist, dass durch die neuen Spielregeln sich die Anreize derart ändern, dass ein pareto-optimales[73] NG realisiert werden kann:

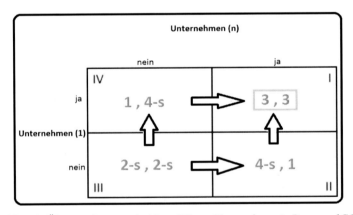

Abb. 4-4: Überwundenes zweiseitiges GD zw. Unternehmen in Bezug auf CG.
Quelle: Eigene Darstellung. In Anlehnung an Pies (2009a; S. 98).

---

[72] Der Status quo bezeichnet den gegenwärtigen Zustand einer Sache, der in der Regel zwar problembehaftet ist, bei dem aber die bekannten Möglichkeiten zur Auflösung der Probleme ebenfalls problematisch erscheinen. Vgl. ReeseOnline (2011; S. 1).
[73] Das Pareto Optimum ist ein Zustand, in dem es nicht möglich ist, ein Individuum besser zu stellen, ohne zugleich ein anderes Individuum schlechter zu stellen. Vgl. Witherton (2010; S. 1).

U_1 bewegt sich aufgrund der selbst auferlegten Sanktion von Quadrant III zu Quadrant IV. U_n antizipiert dies, um nicht in einen Wettbewerbsnachteil zu geraten, und bewegt sich dabei von Quadrant IV zu Quadrant I. Dabei verfolgen sowohl U_1 als auch U_n dominante Strategien, sich an die Kooperation zu halten. Dies bedeutet: Über die Überwindung vorgeschalteter einseitiger Dilemmata und die Schaffung von Vertrauen und Glaubwürdigkeit sind VK trotz individueller Selbstbindung dazu geeignet, kollektive Arrangements zu gewährleisten und indirekt kollektive Selbstbindungen zu unterstützen.

An dieser Stelle soll an einem fiktiven Beispiel gezeigt werden, was passieren kann, wenn es Unternehmen in dieser Branche gibt, deren Verhaltenskodizes keine Glaubwürdigkeit zu generieren vermögen. U_1 wird hierbei wieder durch BP oder RDS repräsentiert, wobei U_n das fragwürdige Unternehmen darstellen soll. Wie bereits erwähnt, sanktionieren sich sowohl BP und RDS selbst, indem sie die Defektionsstrategie im zweiseitigen Dilemma entschärfen. U_n tut dies jedoch nicht, da es sich zwar zu Chancengleichheit im Kodex bekennt, es jedoch an konkreten Maßnahmen und Reglements für deren Umsetzung fehlt. Die Folge ist, dass U_n jetzt Anreizen ausgesetzt ist, die das Unternehmen zum Nutznießer werden lassen:

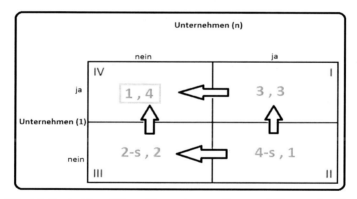

Abb. 4-5: Zweiseitiges GD zw. Unternehmen in Bezug auf Chancengleichheit in einer Freerider-Situation.

Quelle: Eigene Darstellung. In Anlehnung an Pies (2009a; S. 98).

Aufgrund der vorliegenden Anreizkonstellation verfolgt U_1 weiterhin eine dominante Strategie, sich an die Kooperation zu halten. U_n hingegen hat diesen Anreiz nicht. Vielmehr sieht es darin einen Wettbewerbsvorteil, indem es jetzt als einziges Unternehmen gegen die vereinbarte Chancengleichheit verstößt. Folglich verfolgt es eine dominante Strategie, nicht zu kooperieren. Das Ergebnis wäre ein pareto-inferiores NG im IV. Quadranten. Dieses fiktive Beispiel soll Folgendes zeigen: Wenn es Unternehmen in der Branche gibt, die Chancengleichheit oder aber auch andere Themen in ihren Codes nur auf dem niedrigsten Niveau halten, dann sind sie dadurch nicht in der Lage, Vertrauen und Glaubwürdigkeit zu generieren. Das Resultat ist eine kollektive Selbstschädigung sowohl im einseitigen als auch im zweiseitigen Dilemma.

Folglich bleibt festzuhalten: *Falsch formulierte VK fördern Freerider-Situationen.*

In Bezug auf dieses Thema eröffnet sich ein weiteres zweiseitiges Dilemma zw. den MA_1 und MA_n, wobei MA_n den Rest der Belegschaft im Unternehmen repräsentiert. Dabei haben beide Spieler folgende Handlungsoptionen: MA_1 und MA_n können sich an die vereinbarte Chancengleichheit halten (ja), oder gegen diese verstoßen (nein). Dabei hat Spieler 1 einen individuellen Anreiz, von der Kooperation abzuweichen, indem er den Rest der Belegschaft ungleich und diskriminierend behandelt bzw. zur Schau stellt und sich dadurch bessere Aufstiegschancen oder aber auch Aus- und Weiterbildungsmaßnahmen verspricht. Das heißt: MA_1 diskriminiert unmittelbar, indem eine Person auf Grund ihres Geschlechts, der Zugehörigkeit zu einer ethnischen Gruppe, ihrer Religionszugehörigkeit oder Weltanschauung, ihres Alters oder ihrer sexuellen Orientierung in einer vergleichbaren Situation eine weniger günstige Behandlung erfährt als eine andere Person.[74] Das heißt: Die beste Auszahlungssituation ergibt sich im II. Quadranten, wobei MA_1 einen Nutzen von 4 hat und der Rest der MA einen Nutzen von 1. MA_n steht vor der gleichen Abwägung, wobei sein Nutzen im IV. Quadranten am höchsten ausfällt und der von MA_1 am niedrigsten ist. Unter den geg. Bedingungen verfolgen sowohl Spieler 1 als auch Spieler n dominante Strategien, von der vereinbarten Chancengleichheit abzuweichen (nein). Indem sie durch ihr Handeln zu einem Ergebnis beitragen, das niemand von ihnen anstrebt und das sie dennoch nicht vermeiden können, verhält sich jeder so, wie er es vom anderen befürchtet.[75] Das realisierte Ergebnis wäre wiederrum im III. Quadrant zu lokalisieren. In dem Fall herrscht Pareto-Ineffizienz. Um eine Ausschöpfung des gegenseitigen Vorteilspotenzials zu ermöglichen, d. h. einen Wechsel von Quadrant III (nein, nein) zu Quadrant I (ja, ja), bieten die Unternehmen BP und RDS in Form ihrer VK einen kollektiven Bindungsservice für ihre MA an. Indem die Belegschaft zu dem Thema aufgeklärt und sensibilisiert wird und eine Meldepflicht besteht, wenn ein Verstoß gegen die Prinzipien vorliegt, wird ein Wechsel zum pareto-optimalen NG initiiert. Zusätzlich erhöhen die Unternehmen mittels diverser

---

[74] Vgl. Glatz et al. (2006; S. 7).
[75] Vgl. Pies (2009a; S. 98).

Disziplinarmaßnahmen[76] die individuellen Kosten durch Auferlegung einer Sanktion, wenn gegen den Code verstoßen wird. Des Weiteren verpflichtet Shell seine MA dazu, an aktiven Schulungsprogrammen teilzunehmen, die das Thema „Verhaltenskodex und seine konkreten Inhalte" betreffen, und sorgt hiermit für mehr Aufklärung und Transparenz.[77]

Anbei einige Kennzahlen, die eine erfolgreiche Implementierung dieser Maßnahmen zum Thema „Chancengleichheit" ratifizieren: Bei BP ging die Fluktuationsrate der MA, die von 2008 bis 2010 auf einem konstanten Wert von 15 Prozent verharrte, auf 14 zurück. Zudem ist der prozentuale Anteil von Frauen in Führungspositionen seit 2007 kontinuierlich gestiegen und liegt momentan bei 25 Prozent.[78] Auch Shell hat eine ähnlich gute Bilanz aufzuweisen. Lag der Anteil von Frauen in unteren und mittleren Managementpositionen 2002 noch bei 19 Prozent, so liegt dieser heute bei 27.[79] Zudem beteiligen sich beide aktiv gegen Kinder- und Zwangsarbeit, indem BP bspw. in seinem Code an die MA appelliert, niemals selbst Kinder oder Zwangsarbeiter einzustellen, und Verdachtsmomente in anderen Organisationen, mit denen das Unternehmen in irgendeiner Weise in Kontakt steht, unverbindlich zu melden. BP engagiert sich dabei darin, jegliche Form der Zwangsarbeit zu eliminieren und Kinderarbeit abzuschaffen.[80]

4.1.2 Datenschutz

Ein weiteres wichtiges Themengebiet, das in nahezu jedem VK multinationaler Unternehmen zu finden ist, bezieht sich auf den Datenschutz. Diese Problematik ist sowohl branchenspezifisch als auch branchenunabhängig ein nicht zu unterschätzendes Thema und bedarf von daher einer näheren Betrachtung. Auch hier müssen zunächst wieder die jeweiligen Dilemmastrukturen erkannt und analysiert werden. Hierbei eröffnet sich wiederum ein einseitiges GD zw. MA und Unternehmen. Dabei steht der potenzielle Angestellte vor der Entscheidung, ob er in das Unternehmen investieren sollte oder nicht. MA, die bereits im Unternehmen beschäftigt sind, stehen vor der Abwägung, im Unternehmen zu bleiben oder dieses aufgrund mangelnden Datenschutzes zu verlassen. Das Unternehmen steht nun vor der Wahl, den MA auszubeuten, indem es DS nur zum Schein betreibt, oder den DS ernst zu nehmen und seine MA nicht auszubeuten. Anreize für eine Ausbeutung entstehen dadurch, dass das Unternehmen im Status quo Einsparpotenziale realisieren möchte. Ein effektiver

---

[76] Bei den Maßnahmen handelt es sich sowohl bei BP als auch bei RDS je nach Verletzungsgrad um Geld- und Haftstrafen, die bis hin zur Entlassung führen können. Vgl. dazu RDS (2010d; S. 2) und BP (2005; S. 3).
[77] Vgl. RDS (2010d; S. 2).
[78] Vgl. BP (2012b; S. 1).
[79] Vgl. RDS (2010g; S. 1).
[80] Vgl. BP (2005; S. 21).

Datenschutz, der Datenmissbrauch vorbeugt, lässt sich nur mit aufwendigen und teuren IT-Systemen gewährleisten. Angesichts dieser Situation werden sowohl potenzielle als auch bereits eingestellte MA diese Reaktion des Unternehmens internalisieren, indem sie nicht in das Unternehmen investieren. Bis dato folgt, dass es erst gar nicht zu einem Vertragsabschluss zw. MA und Unternehmen kommt bzw. Verträge schnellstmöglich wieder annulliert werden. Das Ergebnis sind eine erhöhte Fluktuation und ein Mangel an kompetenten Fachkräften. Aus spieltheoretischer Sicht ergibt sich ein pareto-inferiores NG, bei dem sich alle Beteiligten schlechterstellen.[81]

Um dieses einseitige Dilemma zu überwinden, verpflichten sich sowohl BP als auch RDS in ihren VK zur Einhaltung und zum Schutz personenbezogener Daten. „Shell respektiert das Grundrecht des Einzelnen auf die Wahrung der Privatsphäre. Dies gilt gleichermaßen für Mitarbeiter, Kunden und Zulieferer."[82] Ersichtlich ist, dass RDS nicht nur das Vertrauen der MA gewinnen möchte, sondern auch das von Kunden und anderen Vertragspartnern. Dabei liegt die Verantwortung in Folgendem: Wenn ein MA oder Vorgesetzter personenbezogene Daten erhebt bzw. verwendet, soll er das Recht der betreffenden Person auf Wahrung der Privatsphäre respektieren und muss alle geltenden Gesetze und die entsprechenden internen Regeln von Shell befolgen. Tut er dies nicht oder nur im unzureichenden Maße, so muss er mit Disziplinarmaßnahmen rechnen, die bis hin zur Kündigung des Arbeitsverhältnisses führen können.[83] Die Prinzipien, die es einzuhalten gilt, sind u. a. die Einrichtung physischer und IT-basierter Sicherheitsvorkehrungen. Zusätzlich hat Shell ein DP Manual[84] eingerichtet, an das sich sämtliche MA im Unternehmen bzgl. des Thema „DS" zu halten haben.[85] Zur Selbstüberprüfung stellt RDS einen Fragekatalog zur Verfügung, mit dem sich die Betreffenden absichern können.[86]

BP verpflichtet sich dazu, die personenbezogenen Daten aller MA vertraulich zu behandeln, indem diverse Grundregeln einzuhalten sind: Nur befugte MA dürfen Daten erfassen und aufnehmen und dürfen diese auch nur zum vorgesehenen Zweck verwenden. Dabei gilt es strengste Vertraulichkeit zu wahren und Daten nicht länger als notwendig zu speichern.[87] Zusätzlich hat BP das „Data Privacy Rules Public Document" eingerichtet. Dieses gibt MA

---

[81] Siehe dazu Abb. 4-1 auf Seite 20. Die Spielzüge und Handlungsoptionen sind dieselben wie beim einseitigen GD in Bezug auf Chancengleichheit.
[82] RDS (2010d; S. 25 A. 3 Z. 13–17).
[83] Vgl. RDS (2010d; S. 25).
[84] Das DP Manual ist ein eigens für das Unternehmen entwickeltes Handbuch zur Wahrung der Privatsphäre und zum Datenschutz.
[85] Vgl. RDS (2010d; S. 26).
[86] Vgl. RDS (2010d; S. 26).
[87] Vgl. BP (2005; S. 24).

und anderen Stakeholdern wie z. B. Kunden das Recht, selbst zu bestimmen, wie mit personenbezogenen Informationen umgegangen werden soll. Darunter zählen u. a. Kaufgewohnheiten, Vorlieben und Kontaktdaten. Dabei bindet sich das Unternehmen an verschiedene Regeln, die es bzgl. des Datenschutzes einzuhalten gilt, und sorgt somit für mehr Transparenz.[88]

Den Unternehmen gelingt es, durch diese selbstverpflichtenden Maßnahmen die Ausbeutungsoption glaubhaft zu sanktionieren. Dies führt dazu, dass sich die Anreize ändern und somit ein pareto-optimales Gleichgewicht zw. MA und Unternehmen zustande kommt. Beide Interaktionspartner stellen sich dadurch besser, dass eine Win-win-Situation realisiert werden kann.[89] Wobei RDS die Interessengruppen im einseitigen Dilemma um die Stakeholder Kunden und Zulieferer erweitert werden. Dies führt dazu, dass weitere soziale Dilemmata wie die zw. Kunden und Unternehmen bzw. Zulieferern und Unternehmen überwunden werden.

Auch hier eröffnet sich wiederrum ein zweiseitiges soziales Dilemma mit symmetrischen Ausbeutungsoptionen zw. den Unternehmen. U_1 wird durch RDS repräsentiert, wobei U_n, also die Konkurrenz, durch BP vertreten wird. Im Status quo stellt sich sowohl U_1 und U_n die Frage, wie ernst sie den Datenschutz betreiben, also, wie im vorangegangen Beispiel, den Datenschutz nur anzukündigen und auf dem geringstmöglichen Niveau zu halten (Strategie nein) oder ihn mit Seriosität um- und auch durchzusetzen (Strategie ja). Beide Spieler vereinbaren vorab, sich an die Kooperation zu halten und Datenschutz ernst zu nehmen. Individuell jedoch bestehen Anreize, von der Kooperation abzuweichen und zu defektieren. Indem z. B. U_1 sich an die Kooperation hält, aber alle anderen dies nicht tun und sich dadurch einen Wettbewerbsvorteil erhoffen, weil Einsparpotenziale in Form mangelnder Prävention die Margen erhöhen, ergeben sich Anreize für beide Parteien, von der Kooperation abzuweichen. Die Folge dessen ist, dass niemand der Wirt für eine Situation sein möchte, bei der er ausgebeutet wird und dem Gegenpart dadurch einen Wettbewerbsvorteil verschafft. Somit wird auch hier eine Lose-lose-Situation realisiert: Alle stellen sich in diesem Wettbewerb schlechter.[90]

Bis dato scheint die Lage unüberwindbar. Sieht man sich jedoch die Maßnahmen von BP und RDS bzgl. des Datenschutzes an, so wird deutlich, dass durch die glaubhafte Selbstsanktionierung sowohl im einseitigen als auch im zweiseitigen Dilemma neue Regeln

---

[88] Vgl. BP (2005; S. 24), sowie BP (2010a; S. 3 f.).
[89] Siehe dazu auch Abb. 4-2 auf Seite 21.
[90] Siehe dazu auch Abb. 4-3 auf S. 22.

geschaffen werden, die zu neuen und besseren Wettbewerbsbedingungen führen können. Dies bedeutet, dass ein aktiver Datenschutz kein Opfer mehr darstellt, sondern vielmehr eine langfristige Investition. Dadurch, dass die Unternehmen das Vertrauen ihrer derzeitigen und potenziellen MA gewinnen, verringern sich die Fluktuationsraten und verbessern sich die Chancen, High Potentials zu gewinnen. Dies bedeutet: Wieder einmal sind Vertrauen und Reputation der eigentliche Schlüssel zum Erfolg, wobei kollektive Arrangements gefördert werden. Die Folge ist, dass sich alle Unternehmen im zweiseitigen Dilemma glaubhaft selbst sanktionieren, die Defektionsstrategie unrentabel wird und man sich aus der sozialen Falle befreien kann.[91]

4.1.3 Gesundheit und Sicherheit am Arbeitsplatz

Diese Problematik bzgl. des Themas „Gesundheit und Sicherheit am Arbeitsplatz" ist eine branchenspezifische Herausforderung sowohl für BP als auch für Shell. Aufgrund der Spezifikation haben beide Unternehmen ein kollektives Arrangement getroffen, das unter den HSSE-Standards thematisiert wird und in beiden Verhaltenskodizes zu finden ist. Die Ziele sind klar formuliert: keine Unfälle, keine Gesundheitsgefährdung und keine Umweltschäden. Die Sicherheit und Gesundheit der MA hat bei beiden Unternehmen oberste Priorität. Um dies zu gewährleisten, möchte BP für seine MA ein sicheres Arbeitsumfeld schaffen, in dem dieser keinen unnötigen Sicherheitsrisiken ausgesetzt ist.[92] Shells Engagement liegt vor allem darin, Todesfälle zu vermeiden sowie Produktaustritten, Bränden und Unfällen vorzubeugen. Dabei spielen die Einhaltung der Sicherheitsmaßnahmen und die Lösung kultureller Probleme, die zu unsicheren Verhaltensweisen führen, eine wesentliche Rolle.[93] Angesichts der Einhaltung und Befolgung von Sicherheitsstandards entsteht ein einseitiges Dilemma zw. MA und Unternehmen. Eine Strategiekombination sieht so aus, dass ein MA nur bereit ist, für das Unternehmen zu arbeiten, wenn dieses ein sicheres Arbeitsumfeld garantiert, bei dem er seine Gesundheit und sein Leben nicht aufs Spiel setzt (Fall II). Das Unternehmen hat evtl. einen Anreiz, das Vertrauen seiner MA zu missbrauchen und auf kosten- und zeitaufwendige Sicherheitssysteme und Maschinenwartungen zu verzichten, d. h. Opportunitätskosten einzusparen und dadurch seinen Gewinn zu maximieren (Fall I). Die Folge dieser Ausbeutungsoption ist wiederum eine Antizipation seitens der MA, indem sie ihr Humankapital nicht weiter zur Verfügung stellen werden (Fall III). Die jeweiligen Auszahlungen sind im

---

[91] Siehe dazu Abb. 4-4 auf Seite 23.
[92] Vgl. BP (2005; S. 14).
[93] Vgl. RDS (2010e; S. 1).

Folgenden noch einmal kurz illustriert:

Fall I: MA investiert, Unternehmen beutet aus (–1 ; 2).
Fall II: MA investiert, Unternehmen beutet nicht aus (1 ; 1).
Fall III: MA investiert nicht (0 ; 0).

Im Endeffekt liegt eine Situation im Fall III vor, die beiden Parteien nicht wünschenswert erscheint, aber dennoch realisiert wird, da Anreize vorliegen, die ein pareto-optimales Gleichgewicht nicht zulassen. Damit Fall II initiiert werden kann, müssen seitens des Unternehmens Maßnahmen getroffen werden, die die Ausbeutungsoption unattraktiv machen. BP möchte in dem Zusammenhang eine Unternehmenskultur schaffen, in der Sicherheit nicht nur durch technisch einwandfreie Produktionsanlagen und Maschinen gewährleistet wird, sondern in erster Linie durch aufgeklärtes und kompetentes Personal.[94] Dabei sollten sich sowohl MA als auch Führungskräfte an die vor Ort geltenden Standards und an die „Goldenen" Sicherheitsregeln halten. Zudem müssen Arbeiten unverzüglich abgebrochen werden, bei denen Sicherheitsrisiken vorliegen können. Auch besteht eine Meldepflicht, wenn Bedenken bzgl. der Verletzung von HSSE-Standards vorliegen.[95] Um die HSSE-Vorgaben umzusetzen und zu steuern, hat BP ein Regel- und Rahmenwerk für alle Führungskräfte ins Leben gerufen. „Dieses Rahmenwerk erleichtert es den zuständigen Führungskräften, sich auf die wichtigsten HSSE-Anforderungen zu konzentrieren, erforderliche Ressourcen zu planen und bereitzustellen, HSSE-Aktivitäten zu steuern und die HSSE-Bilanz kontinuierlich zu verbessern."[96] Zusätzlich hat das Unternehmen sein Sicherheits- und Risikomanagement um eine weitere Funktionseinheit erweitert: Die Safety & Operational Risk bewertet unternehmensunabhängig sämtliche Betriebsrisiken und legt, davon ausgehend, verbindliche Standards und Prozesse fest.[97]

Zudem gehören Weiterbildungs- und Schulungsmaßnahmen wie z. B. „Grundlagen der Prozesssicherheit" und „Operating Essentials", die sich u. a. mit Themen der Arbeitsplatzsicherheit und Gesundheit auseinandersetzen, zum Alltag der Kontraktoren.[98] [99] Shell zielt in diesem Zusammenhang darauf ab, niemandem einen Schaden zuzufügen und

---

[94] Vgl. BP (2005; S. 14 f.).
[95] Vgl. BP (2005; S. 15).
[96] BP (2005; S. 17 Z. 4–8).
[97] Vgl. BP (2012c; S. 4).
[98] Zu den Kontraktoren zählen in den Zusammenhang Anlagenleiter, Manager, Mitarbeiter im Betrieb, technisches Personal sowie HSSE-Personal.
[99] Vgl. BP (2012d; S. 1).

Produkte, Energiequellen und Dienstleistungen zu entwickeln, die dabei im Einklang mit diesem Ziel stehen. Der Anreiz hierin liegt in der Vertrauensgenerierung ggü. den Aktionären, Kunden und der Öffentlichkeit.[100] Als konkretes HSSE-Ziel ist dabei „Goal Zero" zu nennen: Es sollen keine Unfälle am und um den Arbeitsplatz geschehen. Zu diesem Zweck werden die Führungsqualitäten der MA zum Thema „Sicherheit" gefördert und gute Sicherheitsleistungen honoriert. RDS möchte einen sicheren Arbeitsplatz garantieren. Dies soll durch ein klar strukturiertes Reglement ermöglicht werden, an den sich jeder MA zu halten hat. Zudem veranstaltet RDS jedes Jahr einen „Safety Day", um aufzuklären und den Sensibilisierungsgrad zu steigern.[101] Anlagensicherheit spielt dabei eine ebenso wichtige Rolle. Hierbei hält sich Shell an branchenübliche Standards. Speziell hierfür wurde eine Arbeitsgruppe aus unabhängigen und auf Anlagensicherheit spezialisierten internen Auditoren eingerichtet, die die Umsetzung dieser Standards überprüfen soll.[102] Um dies zu gewährleisten, verpflichtet RDS alle Kontraktoren dazu, sich an die „Goldenen HSSE-Regeln" und die „Life-Saving Rules" zu halten, die in einem zusätzlichen Dokument zusammengefasst sind.[103] Darin heißt es zu den „Goldenen Regeln", sich an alle geltenden Gesetze, Standards und Verfahren zu halten, einzugreifen und zu handeln, wenn unsichere oder unkontrollierbare Situationen vorliegen, und die Nachbarn zu respektieren. Die „Life-Saving Rules" bilden dabei das Fundament und bestehen aus zwölf klar formulierten Anweisungen.[104] Zusätzlich verpflichten sich beide Unternehmen zur Einhaltung der internationalen Umweltmanagementnorm ISO 14001.[105] All diese Maßnahmen führen bei beiden Unternehmen dazu, dass ein Pfand hinterlegt wird, das glaubhaft macht, dass die Vorleistung des jeweils anderen nicht ausgebeutet wird. Somit kann sich der Interaktionspartner auf die Kooperation einlassen mit dem Ergebnis, dass sich beide Parteien besserstellen.[106] Diese überwundenen einseitigen Dilemmata sind zugleich Grundlage für die Überwindung eines zweiseitigen Dilemmas zw. U_l und U_n. Dabei besteht wieder Symmetrie bzgl. der Ausbeutungsoption. Jeder verhält sich so, wie er es vom jeweils anderen befürchtet. Das Ergebnis dabei ist eine kollektive Selbstschädigung. Diese wird dadurch realisiert, dass beide Parteien einen Anreiz haben, gegen die Kooperation zu verstoßen. Die Anreize sind dadurch gegeben, dass sowohl U_l als auch U_n Kostenvorteile im Wettbewerb realisieren

---

[100] Vgl. RDS (2010d; S. 5).
[101] Vgl. RDS (2010f; S. 4).
[102] Vgl. RDS (2010e; S. 1).
[103] Vgl. RDS (2010d; S. 5).
[104] Vgl. RDS (2000; S. 5 f.).
[105] ISO 14001 ist eine international anerkannte Norm zur Schaffung eines effektiven Umweltmanagement, wozu auch die Anlagensicherheit zählt. Vgl. hierzu BSI (2012; S. 1).
[106] Vgl. Beckmann und Winning (2012; S. 21).

möchte. Indem beide Sicherheitsmaßnahmen nur oberflächlich durchführen und auf zeitaufwendige Maschinenwartungen und teure Risikomanagementsysteme und Weiterbildungsmaßnahmen verzichten, können in solch einem Wettbewerb Kosten vermieden und Gewinnchancen realisiert werden. Dies funktioniert jedoch nur, wenn der eine sich an die Kooperation hält und der andere nicht. Die Folge dessen ist, dass niemand ins Hintertreffen geraten möchte und die anfangs erwähnte kollektive Selbstschädigung eintrifft.[107] Um diese Selbstschädigung zu verhindern, müssen die Spieler mit Anreizen versorgt werden, die ihr Verhalten simultan verändern.[108] Dadurch, dass sich beide Unternehmen in ihren VK an den HSSE-Standard halten und konkrete Maßnahmen hierfür treffen, z. B. branchentypischer Normen für Umweltmanagement und Anlagensicherheit umsetzen, führt dies durch eine parallele Regeländerung zu einer kollektiven Besserstellung. Auch die vorgeschalteten überwundenen einseitigen Dilemmata bei beiden Unternehmen bedingen im zweiseitigen Spiel die beidseitige Besserstellung im Wettbewerb.

Anbei noch einige Kennzahlen und Fakten, die die erfolgreiche Umsetzung der genannten Maßnahmen belegen: Bei RDS ist die Anzahl der Todesfälle seit 2002 von 51 auf 6 zurückgegangen. Auch die Anzahl registrierter, beruflich bedingter Krankheitsausfälle, bezogen auf eine Mio. Arbeitsstunden, ist seit 2002 bis 2011 von 2,0 auf 0,6 gesunken.[109] Zudem zeichnet sich Shell im besonderen Maße durch sein gesellschaftliches Engagement aus, indem RDS jedes Jahr mehrere Mio. Dollar in Nigeria investiert und dadurch das dortige Gesundheitswesen verbessert. Davon profitieren nicht nur die Einheimischen, sondern auch die nigerianischen Shell-Mitarbeiter. Dadurch, dass RDS eine protostaatliche Aufgabe übernimmt und die Gesundheitsversorgung organisiert, stellt das Unternehmen den MA einen kollektiven Bindungsservice zur Verfügung.[110] BP weist bzgl. der Todesfälle sogar eine bessere Bilanz auf: Sind es 2009 bzw. 2010 noch 18 und 14 Unfälle mit Todesfolge, liegen diese aktuell bei zwei. Auch die durch Unfälle registrierten Arbeitsausfälle haben sich von 2010 auf 2011 mehr als halbiert.[111]

4.1.4 Umweltschutz und Nachhaltigkeit

Umweltschutz bedeutet für beide Unternehmen eine besondere Herausforderung, da ihr Kerngeschäft in der Förderung und dem Verkauf von Umweltressourcen besteht. Die

---

[107] Siehe hierzu Abb. 4-3 auf S. 22.
[108] Vgl. Beckmann und Winning (2012; S. 22).
[109] Vgl. RDS (2010g; S. 1).
[110] Vgl. dazu RDS (2010f; S. 6).
[111] Vgl. BP (2012b; S. 4). Dazu sei gesagt, dass 2010 die Arbeitsausfälle im Vergleich zu den Jahren davor einen neuen Höchststand erreicht hatten. Dies lässt sich evtl. auf das Unglück der „Deepwater Horizon" zurückführen.

Problematik dieses Themas liegt darin, dass Umweltressourcen keinen oder einen zu geringen Preis haben, sodass es für die Unternehmen nicht lohnenswert ist, mit ihnen sparsam genug umzugehen.[112] Zudem tauchen die wesentlichen Kosten für die Umweltnutzung und -schädigung nicht vollständig in der Kostenrechnung der Unternehmen auf, sondern werden zum Großteil an die Gesellschaft und die Folgegenerationen externalisiert.[113] Versucht ein Unternehmen dennoch in Umweltschutzmaßnahmen zu investieren, findet es sich in einem GD wieder: Angenommen, U_1 habe die Absicht, in eine Förderanlage zu investieren, die kein Trinkwasser zur Kühlung verbraucht, sondern Salzwasser aus dem Meer. Dazu sind notwendigerweise kostenintensive Leitungen vom Ozean zur Förderanlage zu verlegen. In dem Fall würde weniger Trinkwasser verbraucht, aber der Beitrag zum Umweltschutz fiele dennoch relativ gering aus. Der Unternehmer hätte nur Kosten, und insofern würde eine Kosten-Nutzen-Abwägung dahin führen, die Investition zu unterlassen. Nun könnte man sich wiederum überlegen, dass alle Konkurrenten, also U_1 und U_n, sich darauf einigen könnten, diese umweltschonende Investition durchzuführen. Das Ergebnis wäre eine wirksamere und ressourcenschonendere Erdölförderung. Jedoch führen die geg. Stimuli in diesem Spiel wieder zu einer Freerider-Problematik: Individuell hätte jeder Konkurrent einen höheren Nutzen, wenn er die Investition nicht tätigte und er selbst vom Schutz der Umwelt profitierte, ohne einen eigenen Beitrag geleistet zu haben.[114] Er sparte seine Investitionsmittel und käme dennoch in den Genuss der verbesserten Umweltqualität, wenn die anderen sich darauf einließen. Auch ein Appell, aus moralischen Gründen auf eine kostenlose Nutzung der Umwelt zu verzichten, würde in der Regel nur sehr wenig helfen.[115] Das Ergebnis wäre wieder eine Lose-lose-Situation, bei der sich alle Beteiligten schlechterstellen würden.[116]

Um diese Problemstruktur zu überwinden, haben sich beide Unternehmen auf eine Branchenvereinbarung geeinigt: Der bereits im vorangegangen Kapital erwähnte HSSE-Standard sieht neben Sicherheits- und Arbeitsschutzmaßnahmen auch konkrete Umweltschutzreglements vor. BP möchte in diesem Zusammenhang die negativen Auswirkungen auf die Umwelt so gering wie möglich halten, indem es verantwortungsvoll mit natürlichen Ressourcen umgeht. Konkrete Ziele bestehen darin, Abfallaufkommen und Emissionen zu reduzieren.[117] Zudem stellt BP seinen Managern das Rahmenwerk „Getting HSSE right" zur Verfügung. Es dient den Führungskräften dazu, HSSE-Vorgaben zu planen, zu steuern und die HSSE-Bilanz

---

[112] Vgl. Pies (2009b; S. 42).
[113] Vgl. Leisinger (1997; S. 89).
[114] Siehe hierzu Abb.4-5 S. 24.
[115] Vgl. Pies (2009b; S. 43).
[116] Siehe hierzu Abb. 4-3 S. 22.
[117] Vgl. BP (2005; S. 16).

kontinuierlich zu verbessern. Ökologische Erwartungen, die das Rahmenwerk beinhaltet, sind u. a. der Bau ressourcenschonender Produktionsanlagen, die Übernahme von Produktverantwortung, die nachhaltige Entwicklung und die Vermeidung und Vorbeugung von Umweltverschmutzungen.[118] BP verweist dabei auch auf die Meldepflicht, die besteht, wenn ein Verdacht oder ein offensichtlicher Verstoß gegen die HSSE-Gesetze vorliegt.[119] Konkrete Maßnahmen zum Umweltschutz und zur Nachhaltigkeit werden jedes Jahr in den Nachhaltigkeitsberichten offengelegt. Darin heißt es u. a., dass BP seit 2005 bereits 6,6 Mrd. Dollar in CO_2-arme Energien investiert hat. Das Projekt bzw. der neue Geschäftsbereich nennt sich „Alternative Energy". Das Ziel ist es, bis 2015 weitere 3,4 Mrd. Dollar in Biokraftstoffe und Windenergie zu investieren.[120] Das Unternehmen ist nach der ISO 9001 für das Qualitätsmanagement und gemäß der ISO 14001 für das Umweltmanagement zertifiziert. Diese Zertifikate bestätigen ein kundenorientiertes, umweltgerechtes und sicheres Handeln.[121] Gesellschaftliches Engagement übernimmt BP durch die NPO-Initiative „target neutral". Ziel ist es, durch Aufklärung aller Autofahrer die von ihnen im Straßenverkehr verursachten CO_2-Emissionen zu verringern und die verbleibenden Emissionen zu neutralisieren.[122] Zudem veranstaltet BP seit 2008 verschiedene Schulprojekte und Wettbewerbe zum Thema Klimawandel und Umweltschutz unter dem Namen „Klima und Co". Der Wettbewerb soll den Jüngsten der Gesellschaft bereits Anreize setzen, innovative und überzeugende Konzepte ins Leben zu rufen, durch die Schulen nachhaltig CO_2 einsparen können.[123]

Shells HSSE-Ziele bzgl. des Umweltschutzes und der Nachhaltigkeit bestehen darin, die Umwelt zu schützen und Energiequellen, Produkte und Dienstleistungen zu entwickeln, die im Einklang mit diesem Ziel stehen. Dabei müssen alle Shell-Gesellschaften ein systematisches Umweltmanagement verfolgen, bei dem die vorgegebenen Gesetze und Richtlinien eingehalten werden. Zudem müssen Planziele für das Umweltmanagement formuliert und bzgl. des Erfüllungsgrades gemessen und bewertet werden. Außerdem muss über sie Bericht erstattet werden.[124] Alle Anlagen von RDS sind auf Umweltstandards, einschließlich der Norm ISO 14001, international zertifiziert. Externe und unabhängige Audits sollen helfen, die Umweltleistungen ständig zu überwachen und zu kontrollieren.[125] Um den genannten Maßnahmen auch Transparenz zu verliehen, veröffentlicht das Unternehmen jedes Jahr

---

[118] Vgl. BP (2002; S. 8).
[119] Vgl. BP (2005; S. 16).
[120] Vgl. BP (2012c; S. 4).
[121] Vgl. BP (2012f; S. 1).
[122] Vgl. BP (2008; S. 3 f.).
[123] Vgl. BP (2012e; S. 1).
[124] Vgl. RDS (2010d, S. 5).
[125] Vgl. RDS (2010h; S. 3).

Nachhaltigkeitsberichte. Darin heißt es u. a., dass Shell mit führenden Umweltorganisationen zusammenarbeitet, um den Naturschutz zu fördern und das Umweltmanagement in der Energiebranche durch bessere Standards und Arbeitsweisen weiterzuentwickeln. 2010 war das Unternehmen an über dreißig Projekten beteiligt, bei denen es schwerpunktmäßig um die Verbesserung der Nachhaltigkeit von Biokraftstoffen ging, um den Schutz von Feuchtgebieten im Golf von Mexiko und eine branchenübergreifende Initiative für die Entwicklung eines Plans zur verantwortungsvollen Entwicklung der Arktis.[126] Shell möchte seinen Kunden ein reichhaltiges Angebot unterschiedlicher Energieoptionen bieten. Dazu gehört die Förderung von sauberem Erdgas mit modernsten Technologien, um neue Erdgasvorkommen zu erschließen. Außerdem leisten sie mit ihren CO_2-armen Biokraftstoffen sowie effizienteren Kraft- und Schmierstoffen einen Beitrag zu mehr Nachhaltigkeit im Straßenverkehr. Weitere CO_2-senkende Maßnahmen bestehen in der Steigerung der Energieeffizienz in den eigenen Betriebsstätten und einem verstärkten Einsatz von Erdgas zur Stromerzeugung. Shell hat dabei ein langfristiges Ziel gesteckt: dass Erdgas die Kohle ablöst. Die Regierungen vieler Länder entwickeln bereits nationale, regionale und branchenspezifische CO_2-Regulierungsmechanismen. Mittel- bis langfristig würden sich die Lösungsansätze annähern und sich im Laufe der Zeit zu einem globalen Kohlenstoffmarkt entwickeln, innerhalb dessen der Klimawandel am effektivsten zu bekämpfen wäre. Solch ein globaler Markt würde neue Impulse freisetzen, die zur Einführung CO_2-armer Lösungen beitragen.[127]

Shell zeichnet sich auch durch sein gesellschaftliches Engagement aus, indem es Projekte ins Leben ruft wie den „Shell Eco-marathon" und den „Shell Energie-Dialog" sowie seit mehr als 50 Jahren die „Shell Jugendstudie". Darüber hinaus unterstützt das Unternehmen im Rahmen einer lokalen Patenschaft das Hamburger Kinderkrebs-Zentrum.[128]

Festzuhalten bleibt, dass die in den jeweiligen Verhaltenskodizes festgelegte Branchenvereinbarung bzgl. des Umweltschutzes bei beiden Unternehmen die Spielregeln parallel und zeitgleich verändert. Im Ergebnis können sich durch eine erhöhte Sensibilisierung der Öffentlichkeit und eine effektive Unternehmenskommunikation mittels der oben genannten Maßnahmen der Unternehmen beide Spieler besserstellen und eine Win-win-Situation realisieren.[129] Die Unternehmen initiieren einen Wettbewerb der Öko-Effizienz, bei dem es ökonomisch rational ist, alle sich bietenden Möglichkeiten zu nutzen, d. h. umweltverträgliche Technologien einzuführen, den Verbrauch an Energie und nicht erneuerbaren Rohstoffen zu

---

[126] Vgl. RDS (2010f; S. 5).
[127] Vgl. RDS (2010f; S. 7 f.).
[128] Vgl. RDS (2010i; S. 1).
[129] Siehe dazu Abb. 4-4 auf Seite 23.

senken, problematische Materialien durch umweltfreundliche zu ersetzen und Stoffe zu verwenden, die sich wiederverwenden und recyceln lassen.[130] Es bedarf demnach sog. vorgeschalteter institutioneller[131] Innovationen wie dieses kollektiven Arrangements, die neue Anreize setzen und Hemmwirkungen überwinden können. Erst wenn diese Grundlage geschaffen ist, können technische sowie soziale Innovationen seitens der Unternehmen ihre volle Wirkung entfalten und wiederum neue Innovationen zulassen.[132] „Institutionelle Innovationen stellen also eine notwendige Ergänzung dar, um diese unter der Zielsetzung [...] wirkungsvoll in einen gesellschaftlichen Suchprozess einzubetten und nicht als isolierte Einzelmaßnahmen verpuffen zu lassen."[133]

4.2 Unternehmen, Kunden und Aktionäre

Ein fairer Wettbewerb zw. den Konkurrenzunternehmen bildet das Fundament einer gesunden Marktwirtschaft. Er initiiert einen Selektionsprozess, sorgt für innovatives Denken und erhöht die allgemeine Wohlfahrt durch eine gerechte Verteilung von Gütern und Dienstleistungen. Somit liegt es in der moralischen Verantwortung der Unternehmen, die Öffnung von Märkten für Handel und Investitionen zu unterstützen, überall zur Schaffung und zum Erhalt einer sozial und ökologisch verträglichen Marktwirtschaft beizutragen und nicht nach fragwürdigen Zahlungen oder Gefälligkeiten zu trachten oder solche zu leisten, um unfaire Wettbewerbsvorteile zu erlangen. Zudem sollten die Unternehmen bestrebt sein, die Konkurrenz und auch andere Branchen davon zu überzeugen, die gleichen Prinzipien anzuwenden, und sie bei deren Umsetzung zu unterstützen.[134] In Anbetracht dessen haben alle Kunden einen Anspruch auf respektvolle Behandlung sowie Güter und Dienstleistungen, die in höchstmöglicher Qualität und zu fairen Preisen auf ihre Bedürfnisse zugeschnitten sind.[135]

4.2.1 Bestechung und Korruption

„Korruption ist ein gesellschaftliches Problem, das – wenn auch in unterschiedlichem Ausmaß – überall auf der Welt angetroffen werden kann."[136] Dabei differenziert Leisinger in eine kleine und eine große Korruption: Der wesentliche Unterschied liegt in der Quantität der Zahlungen, mit denen bestochen wird. Bei der kleinen Korruption wird u. a. ein Ziel verfolgt,

---

[130] Vgl. Leisinger (1997; S. 89 f.).
[131] Unter Institution werden hierbei formgebundene Verträge sowie formungebundene Regeln verstanden.
[132] Vgl. Carnau (2011; S. 42).
[133] Carnau (2011; S. 42 A. 2 Z. 8–11).
[134] Vgl. Leisinger (1997; S. 189 f.).
[135] Vgl. Leisinger (1997; S. 187 f.).
[136] Leisinger (1997; S. 62).

bei dem Entscheidungsprozesse beschleunigt werden oder diese erst mit Bestechungsgeldern möglich sind. Geschenke stellen dabei eine sensible Sonderproblematik dar. Hierbei müssen die Unternehmer abwägen, wann ein Bestechungsversuch vorliegt und wann nicht. In manchen Kulturkreisen sind Geschenke ein Zeichen von Respekt bzw. ein Beweis freundschaftlicher Beziehungen.[137] Der Übergang von der kleinen zur großen Korruption ist mehr oder weniger fließend. Die Beteiligten verfolgen ein gemeinsames Interesse: ein illegales Arrangement, bei dem der Anbieter teuer verkauft und der Kunde mit illegitimen Kommissionen daran verdient. Die Gewinne werden privatisiert und die Verluste sozialisiert.[138] Dabei unterliegt sowohl die kleine als auch die große Korruption innerhalb eines Unternehmens einem Geheimhaltungsdelikt zw. Mittätern. Ferner spielen Informationsasymmetrien zw. Prinzipal, Agent und Klient eine wesentliche Rolle. Hier liegt eine trilaterale Konstellation vor, bei der es um mindestens zwei Täter geht, die sich auf Kosten ihres Opfers wechselseitig mit Vorteilen versorgen und dies dem Opfer gegenüber zu verheimlichen bemüht sind.[139] Dies bedeutet Folgendes: Um Korruption erfolgreich zu bekämpfen, muss das Unternehmen so organisiert sein, dass Schweigerkartelle aufgedeckt werden. Hierfür müssen Anreize geg. werden, die Mittäter von der Korruption abhalten und Mitwisser zur Überführung des Kartells bewegen.[140] In diesem Zusammenhang eröffnet sich ein zweiseitiges Dilemma zw. dem Klienten, der die Bestechung durchführt, und einem oder mehreren Mittätern, die ihn bei dieser Bestechung aktiv unterstützen. Beide stehen vor der Überlegung, die Korruption zu gestehen (ja) oder diese geheim zu halten (nein). Damit sich die Anreize der Spieler und deren Spielzüge ändern, müssen die Unternehmen ein Sanktionierungssystem schaffen, das die Pay-offs der Spieler dermaßen ändert, sodass für sie die Korruptionsoption nicht mehr attraktiv erscheint. Die logische Konsequenz daraus wäre, Korruption mittels diverser Disziplinarmaßnahmen unrentabel zu machen. Hierbei ist jedoch Vorsicht geboten: Nicht allein die Höhe der Sanktion ist für eine erfolgreiche Zerschlagung einer Korruption von Bedeutung, sondern deren Strukturierung und Ausgestaltung. Eine zu hohe Strafe kann einen unerwünschten Effekt initiieren und sogar korrupte Arrangements stärken: „Konfrontiert mit der Alternative, den Korruptionsvorgang zu offenbaren oder die illegale Kooperation fortzusetzen, führen undifferenziert hohe Strafen zu einer Anreizkonstellation, durch die Klient und Mittäter darin bestärkt werden, mit der Korruption

---

[137] Vgl. Leisinger (1997; S. 67 f.).
[138] Vgl. Leisinger (1997; S. 71 f.).
[139] Vgl. Pies und Sass (2006; S. 5).
[140] Vgl. Pies (2007; S. 2).

fortzufahren und lediglich ihre Geheimhaltung zu perfektionieren."[141] Dadurch, dass alle Beteiligten im Spiel das gleiche Strafmaß erwartet, ändern sich die Spielzüge nicht wie erhofft. Beide Spieler realisieren die pareto-optimale Strategiekombination im III. Quadranten, und die Korruption wird weiterhin geheim gehalten.[142] Die Folgerung daraus wäre ein differenziertes Sanktionierungssystem, bei dem eine Offenlegung des Mittäterkartells honoriert und umgekehrt die einseitige Nicht-Offenlegung mit einer schärferen Sanktion bestraft werden müsste.[143] Im Ergebnis wird sich die Auszahlungen der Mittäter ändern und sich ein pareto-inferiores NG einstellen. Für alle ist es jetzt von Vorteil, das Kartell zu melden und nicht weiter zu korrumpieren.[144] Beide Spieler verfügen über dominante Strategien, das illegitime Bündnis zu offenbaren. Leider sind solche differenzierten Sanktionsmaßnahmen in den VK beider Unternehmen nicht zu finden. Somit kann dieses Dilemma nicht durch den Code überwunden werden.

An dieser Stelle ist eine Empfehlung sinnvoll, speziell für dieses Dilemma eine solche Kronzeugenregelung in deren Codes zu implementieren. Dadurch könnten beide Unternehmen für ihre MA bzw. für potenziell existierende Mittäter einen kollektiven Bindungsservice zur Verfügung stellen.

Doch nicht nur zw. den Mittätern und den Klienten ergibt sich ein Dilemma, sondern auch zw. dem Klient und den Mitwissern. Betrachtet man Korruption als das Resultat einer erfolgreichen Kooperation zw. dem die Bestechung durchführenden Klienten und einem oder mehreren Mitwissern, die seine Bestechung passiv hinnehmen, so stellt sich die Frage, wie diese negative Form einer Kooperation zustande kommt und wie sie vermieden bzw. aufgelöst werden kann. Solange die Sanktion (s) für die Mitwisser so groß ist, dass es sich für ihn nicht lohnt, den Korrumpierenden zu melden, so lange lohnt es sich für den Klienten, die Korruption zu praktizieren. Die Sanktion ist dabei umso wirksamer, je größer die Angst bzw. die Wahrscheinlichkeit ist, nach der Meldung vom korrupten Kollegen mit Repressalien abgestraft zu werden. Es stellt sich ein Gleichgewicht ein, bei dem die Korruption konsistent ist und Mitwisser aufgrund negativer Konsequenzen die Korruption nicht melden werden.[145] Angesichts dessen müssen die Unternehmen für ihre MA und potenzielle Mitwisser die Sanktion durch geeignete Maßnahmen neutralisieren. Die VK beider Unternehmen schaffen zunächst durch Transparenz und Aufklärung einen höheren Sensibilisierungsgrad. Vorab

---

[141] Pies und Sass (2006; S. 10 A. 3 Z. 8–12).
[142] Siehe Abb. A-1 im Anhang auf S.53.
[143] Vgl. Pies und Sass (2006; S. 10).
[144] Siehe Abb. A-2 im Anhang auf S.53.
[145] Siehe Abb. A-3 im Anhang auf S54.

klären beide Codes die MA auf, wann korruptes Verhalten praktiziert wird. BP legt dabei besonderen Wert auf den Umgang mit Geschenken: Gewisse Geschenke oder Einladungen stellen eine unangemessene Einflussnahme dar oder können als solche aufgefasst werden. „In einigen Fällen könnten sie sogar als Bestechungsversuch interpretiert werden, was BPs Ruf als ein Unternehmen, welches sich fair verhält, schädigen oder gegen das Gesetz verstoßen könnte."[146] Hierin kommt zugleich die eigentliche Absicht des Unternehmens zum Ausdruck – nämlich die Vermeidung von Reputationsschäden durch Bekanntwerden korrupten Verhaltens in der Öffentlichkeit. Die MA sollen erkennen können, wann es sich lediglich um freundschaftliche Geschenke handelt und wann um den bewussten Akt eines Bestechungsversuchs. Wenn dabei ein Verdachtsmoment vorliegt, muss dieser umgehend gemeldet werden. Auch RDS versucht mittels Aufklärung die MA zu sensibilisieren: „Bestechung liegt in dem Moment vor, in dem Sie eine Zahlung, ein Geschenk oder eine Gefälligkeit anbieten, gewähren, fordern oder annehmen, um den Ausgang eines Geschäfts in unzulässiger Weise zu beeinflussen."[147] Um korruptes Geschäftsgebaren zu vermeiden, liegt es in der Verantwortung jedes Einzelnen, unter keinen Umständen Zahlungen, Geschenke oder Gefälligkeiten anzubieten, zu gewähren, zu fordern oder anzunehmen. Um der Verantwortung gerecht zu werden, ist das wichtigste Prinzip, das es einzuhalten gilt, die Pflicht zur Meldung, wenn ein Korruptionsverdacht besteht oder man selbst Mitwisser eines Korruptionsfalls geworden ist.[148]

Damit es auch zur Anzeige kommen kann, ohne dass ein Mitwisser sich etwaiger Repressalien ausgesetzt sieht, haben beide Unternehmen durch die bereits erwähnten Meldeverfahren „Tell Shell" und „Open Talk" ein Whistle-Blowing-System[149] implementiert. Damit die Implementierung auch glaubhaft und konsistent ist, sind von BP und RDS unparteiische Sachbearbeiter und Ombudsstellen eingerichtet wurden. Hiermit verpflichten sich die Unternehmen dazu, Anonymität nicht nur anzukündigen, sondern diese im vollen Umfang zu gewährleisten. Weitere aufklärende Maßnahmen sind Fort- und Weiterbildungsmaßnahmen zum Thema „VK und deren schwerpunktmäßigen Inhalte". Diese sollen das Rechtsbewusstsein stärken und den MA gegenüber das vitale Integritätsinteresse des Unternehmens klar kommunizieren.[150] All die genannten Maßnahmen führen letztlich dazu, dass produktive Interaktionen durch Vertrauen gefördert und spiegelbildlich unproduktive

---

[146] BP (2005; S. 28).
[147] RDS (2010d; S. 11 Z. 1–5).
[148] Vgl. RDS (2010d; S. 11).
[149] Als Whistle-Blowing wird die anonyme Aufdeckung von Missständen in einer Organisation durch Mitarbeiter bezeichnet. Siehe dazu Leisinger (1997; S. 130 f.).
[150] Vgl. Pies und Beckmann (2009; S. 18).

Interaktionen durch Misstrauen unterminiert werden.[151]

Für das einseitige Dilemma bedeutet dies, dass Mitwisser einen Anreiz haben, korrupte Klienten oder Täter über die jeweiligen anonymen Meldeverfahren zur Anzeige zu bringen.[152] Auch zw. den konkurrierenden Unternehmen selbst eröffnet sich ein zweiseitiges Dilemma bzgl. der Frage, Korruption zu unterlassen (ja) oder sie zu praktizieren (nein). Hierin kann es für $Unternehmen_1$ am besten sein zu korrumpieren, da es sich dadurch gegenüber $Unternehmen_n$ einen Wettbewerbsvorteil verspricht, indem es evtl. die Dauer von Vertragsverhandlungen durch Schmiergeldzahlungen unterläuft oder sich durch Bestechung bessere Aufträge erhofft. Um selbst nicht ins Hintertreffen zu geraten, antizipiert $Unternehmen_n$ dies und korrumpiert auch. Es etabliert sich ein Korruptionswettlauf, bei dem die Alternative, nicht zu korrumpieren, bestraft wird.[153] Das Problem eines Korruptionswettlaufs besteht jedoch darin, dass durch das Bekanntwerden und Veröffentlichen von Korruptionsvorfällen früher oder später die Reputation des Unternehmens nachhaltig geschädigt wird und die Stakeholder das Vertrauen in das Unternehmen und seine Glaubwürdigkeit verlieren. In diesem Sinne haben beide Unternehmen ein gemeinsames Interesse daran, nicht zu korrumpieren. Dabei ist die Überwindung eines vorgeschalteten einseitigen Dilemmas wieder von Vorteil. Dadurch, dass dieses bei BP und RDS erfolgreich überwunden wird, bestrafen sie im zweiseitigen Dilemma die Korruptionsoption simultan, was wiederum dazu führt, dass im zweiseitigen GD zw. konkurrierenden Unternehmen das eigentliche Handlungsinteresse mit der Strategiekombination der Korruptionsvermeidung realisiert werden kann. Weitere flankierende Maßnahmen, die den Korruptionswettlauf für die Wertschöpfungsagenten unrentabel machen, sind strafrechtliche Sanktionen durch das Kartellrecht und freiwillige kollektive Selbstverpflichtungen wie die EITI, eine Initiative zur Korruptionsprävention und zur Verbesserung der Transparenz in der Rohstoffindustrie. Ihr Ziel ist es, die Transparenz der Geldströme bei der Förderung von Öl, Gas und anderen Rohstoffen zu erhöhen und dadurch den Zivilgesellschaften zu ermöglichen, den Verbleib und die Verwendung der Finanzströme zu kontrollieren.[154] Neben RDS und BP verpflichten sich viele weitere Erdölfördergesellschaften wie z. B. Exxon Mobile und TOTAL zu diesem Transparenzprinzip.[155]

---

[151] Vgl. Pies und Beckmann (2009; S. 18).
[152] Siehe dazu Abb. A-4 im Anhang auf Seite 54.
[153] Siehe dazu Abb. 4-3 auf Seite 22.
[154] Vgl. BMZ (2012; S. 1).
[155] Vgl. EITI (2009; S. 1).

4.2.2 Preisabsprachen und Kartelle

Angesichts dieser branchenspezifischen Problematik kann ein einseitiges Dilemma zw. den Kunden und den Unternehmen selbst rekonstruiert werden. Der Kunde steht dabei vor der Wahl, bei dem Unternehmen zu kaufen (investieren) oder nicht zu kaufen (nicht investieren). Der Unternehmer hat ebenfalls zwei Handlungsoptionen: Entweder er täuscht den Kunden (ausbeuten) oder er täuscht ihn nicht (nicht ausbeuten). Im Folgenden ergeben sich also drei mögliche Fälle:

Fall I: Kunde kauft, Unternehmen täuscht Kunden.
Fall II: Kunde kauft, Unternehmen täuscht Kunden nicht.
Fall III: Kunde kauft nicht.

Der erste Fall tritt ein, wenn der Kunde ein Produkt bei dem Unternehmen erwirbt und nach der erbrachten Vorleistung vom Unternehmen getäuscht wird. Die Täuschung kommt dadurch zustande, dass Produkte mit minderwertiger Qualität verkauft werden. Auch kann über Preis- oder Mengenabsprachen in einen oligopolistischen Markt wie der Rohölindustrie ein ungerechtfertigter und überhöhter Preis für angebotene Güter wie Heizöl oder Treibstoff die Vorleistung des Kunden unterminieren. Der zweite Fall tritt ein, wenn der Kunde in das Unternehmen investiert, also wieder Güter und Dienstleistungen des Unternehmens erwirbt, und das Unternehmen von der Ausbeutungsoption nicht Gebrauch macht. Im Status quo tritt jedoch der dritte Fall und somit auch das „Worst-Case-Szenario" für beide Interaktionspartner ein. Dies bedeutet, dass der Kunde den Kauf unterlässt und der Unternehmer keinen Umsatz erwirtschaftet:

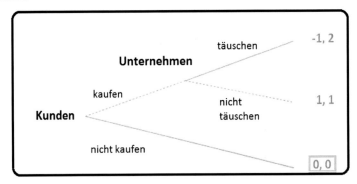

Abb. 4-6: Einseitiges Dilemma zw. Kunden und Unternehmen.
Quelle: Eigene Darstellung. In Anlehnung an Pies (2009a; S. 122).

Das Unternehmen verliert mögliche Kunden, und der Kunde verliert das Vertrauen in das Unternehmen. Es liegt also im eigenen Handlungsinteresse des Wertschöpfungsagenten, die Ausbeutungsoption glaubhaft unattraktiv zu machen. In den VK von RDS heißt es, dass sich das Unternehmen zum Prinzip des freien, fairen und ethischen Wettbewerbs bekennt, wobei alle MA dafür Sorge tragen müssen, dass die zentralen Werte von Shell auf alle Geschäfte angewandt werden, die getätigt werden. Verstöße gegen diese Gesetze und Verordnungen können Shell Schaden zufügen und das Unternehmen strafrechtlicher Verfolgung aussetzen. Dabei müssen auch die MA mit Disziplinarmaßnahmen bis hin zur Kündigung des Arbeitsverhältnisses, Geld- und Haftstrafen rechnen.[156] Insbesondere gilt es illegale Praktiken wie Preisabsprachen, Marktaufteilung, abgestimmtes Vorgehen bei öffentlichen Ausschreibungen sowie alle Verhaltensweisen, die auf die Erreichung oder die Verteidigung einer Monopolstellung gerichtet sind, zu meiden und diese zu melden. Verstöße gegen das Wettbewerbsrecht werden von Shell nicht geduldet.[157]

BP verlangt von sich und seinen MA, sich strikt an die Vorschriften, die in einigen Ländern unter dem Begriff „Wettbewerbsrecht" und in anderen unter dem Begriff „Kartellrecht" zusammengefasst sind, d. h. an Gesetze, die rund um die Welt einen freien und fairen Wettbewerb fördern und schützen, zu halten. Das Wettbewerbs- und Kartellrecht verbietet wettbewerbsschädigendes Verhalten wie beispielsweise Preisabsprachen. Grundprinzipien, die es einzuhalten gilt, betreffen das Verbot von Preisabsprachen mit Wettbewerbern, die Aufteilung von Märkten, Kunden oder Vertriebsgebieten, die Beeinflussung einer Ausschreibung oder aber Vereinbarungen zur Kapazitätsreduzierung.[158]

Zudem sind Preis- und Mengenkartelle per se in ihrer Konstellation sehr inkonsistent und unterliegen einem in diesen Fall gesellschaftlich und wohlfahrtsökonomisch erwünschten GD zw. den Oligopolisten. Weitere flankierende und unterstützende Maßnahmen sind auch hier wieder das Kartellrecht, das durch Sanktionen und Kontrollen[159] präventiv wirkt, und das EITI-Programm, das durch freiwillige Offenlegung von Zahlungsströmen mehr Transparenz und Glaubwürdigkeit initiiert. All die genannten Vorkehrungen führen letztlich dazu, dass sich sowohl BP als auch RDS glaubhaft selbstverpflichten und die Täuschungsoption unrentabel wird. Dies wird durch mehr Vertrauen seitens der Kunden honoriert.

---

[156] Vgl. RDS (2010d; S. 18).
[157] Vgl. RDS (2010d; S. 19).
[158] Vgl. BP (2005; S. 36).
[159] Vgl. hierzu Schmidt (2005; S. 312–314). Damals hat das BKA ein Benzinpreisverfahren gegen die führenden Mineralölunternehmen Texaco, BP, Shell und Esso aufgrund eines immensen Preisanstiegs der Tankstellenpreise um 13 Pfennig eingeleitet. Das Verfahren konnte zwar kein Kartell nachweisen, allein aber die Recherchen und der damit einhergehende öffentliche Druck führten dazu, dass die Benzinpreise in Verbindung mit den gesunkenen Notierungen in Rotterdam wieder gefallen sind.

Beide Spieler stellen sich dadurch besser, dass der II. Fall im GD durch eine gelungene Selbstsanktionierung durch die Unternehmen eingeleitet wird:

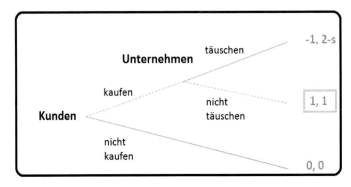

Abb. 4-7: Überwundenes einseitiges Dilemma zw. Kunden und Unternehmen.
Quelle: Eigene Darstellung. In Anlehnung an Pies (2009a; S. 123).

An dieser Stelle sei auch noch erwähnt, dass Preissteigerungen durch den Kunden und die Öffentlichkeit viel stärker wahrgenommen und antizipiert werden als Preissenkungen, insbesondere dann, wenn es sich um einen solch oligopolistischen Markt wie diesen handelt. Zudem ist eine leichte Aufwärtsspirale der Benzinpreise aus ökonomischer und langfristiger Sicht auch durchaus sinnvoll. Denn nur dann passen sich Industrie und Verbraucher an: Die Autohersteller bauen sparsamere Motoren, verringern das Gewicht oder forcieren alternative Antriebe. Und die Verbraucher kaufen eben diese moderneren, umweltfreundlicheren Produkte – was wiederum der Industrie zugutekommt.

4.2.3 Insidergeschäfte

Da sowohl BP als auch RDS börsennotierte Unternehmen sind, müssen sie auch Verantwortung ggü. ihren Anteilseignern übernehmen. Angesichts dessen eröffnet sich ein einseitiges Dilemma zw. Aktionär und Angestellten des Unternehmens, die über sog. Insiderinformationen (Insider) verfügen. Der Aktionär steht vorab vor der Wahl, Vermögensanteile der Unternehmen zu erwerben (investieren) oder sein Geld anderweitig anzulegen (nicht investieren). Der Insider kann nun mittels Insiderinformationen Aktien oder andere Wertpapiere aufgrund von relevanten, nicht öffentlichen Informationen handeln und sich dadurch ungerechtfertigt ggü. dem Aktionär einen Kursvorteil verschaffen. Aufgrund dieser potenziellen Ausbeutungsoption der Benachteiligung von Aktionären durch die Insider investiert der mögliche Anteilseigner nicht in das Unternehmen. Die Folge ist eine wechselseitige Schädigung beider Spieler.[160]

Damit der Anteilseigner nicht durch Insiderwissen Dritter benachteiligt wird und in das Unternehmen investieren kann, müssen BP und RDS für Insider einen individuellen Bindungsservice zur Verfügung stellen. BP klärt zunächst darüber auf, wann es sich um Insiderinformationen handelt. Das sind in der Regel Informationen, die der Öffentlichkeit nicht zugänglich und entscheidungsrelevant sind, z. B. Informationen bzgl. der Einführung neuer Produkte, das Abschließen bedeutsamer Verträge oder aber auch die Bekanntgabe oder Prognose von Unternehmensgewinnen und die tatsächliche oder mögliche Entdeckung von Öl- oder Gasvorkommen sowie Korrekturen von Öl- oder Gasreserven.[161] Vor allem gilt dies für hochrangige Führungskräfte und MA, die Zugang zu kursrelevanten Informationen haben. Diese müssen zusätzlich die Erlaubnis des „Company Secretary" einholen, bevor sie mit BP-Aktien handeln. Dazu müssen sie die „Restrictions on Dealing in BP Shares and Securities" kennen und einhalten.[162]

RDS verlangt, Geschäftsinformationen zu schützen und sie unter keinen Umständen zu persönlichem Vorteil zu nutzen, insbesondere nicht für den Handel mit Aktien oder sonstigen Wertpapieren. Der Verstoß gegen diese Regeln bzgl. Insidergeschäfte ist rechtswidrig und kann Bußgelder, Entlassungen und Haftstrafen zur Folge haben. Das wichtigste Prinzip, das es in dem Zusammenhang einzuhalten gilt, lautet, Shell zu informieren, wenn ein Verdacht besteht, dass ein Kollege in Insidergeschäfte oder Marktmanipulation verwickelt ist.[163]

Angesichts dieser Rahmenbedingungen, die beide Codes schaffen, wird die Ausbeutungsoption für die Insider unattraktiv. Die positive Konsequenz daraus lautet, dass Aktionäre zum Kauf von Vermögensanteilen animiert werden und Insider keine unerwünschten Geschäfte mit sensiblen Firmeninformationen tätigen.[164]

---

[160] Siehe dazu Abb. A-5 im Anhang auf Seite 55.
[161] Vgl. BP (2005; S. 68).
[162] Vgl. BP (2005; S. 69).
[163] Vgl. RDS (2010d; S. 15).
[164] Siehe Abb. A-6 im Anhang auf Seite 55.

Fazit

Die Arbeit sollte dem Leser einen Einblick geben, wie unternehmensethische Maßnahmen bei den Wertschöpfungsagenten in Form von Verhaltenskodizes umgesetzt worden sind. Anhand dessen wurden verschiedene branchenübergreifende und branchenspezifische Probleme der zwei Mineralölunternehmen BP und Royal Dutch Shell ausgewählt und die zugrunde liegenden Dilemmastrukturen rekonstruiert. Dabei hat sich gezeigt, dass sich durch das entwickelte Integrity- und Compliance-Management der Unternehmen und weitere konkrete Maßnahmen in den VK bzgl. der inhaltlichen Schwerpunkte moralische und ethische Belange in den Dienst des Gewinnstrebens stellen lassen. Auch sind die getroffenen Vorkehrungen proaktiv ausgerichtet, indem sie weitestgehend durch initiatives Handeln geprägt sind und nicht durch eine abwartende und passive Haltung zur Schadensbegrenzung ins Leben gerufen wurden. Die vier Schlüsselfaktoren eines funktionierenden VK sind bei beiden gut umgesetzt. Die geschaffenen Codes sind demnach: *umfassend, moralisch vertretbar, authentisch* und letztlich durch eine korrekte Regelsetzung und Überwindung unerwünschter Dilemmastrukturen bzw. Etablierung erwünschter Strukturen auch *beherrschbar*. Mittels eines konsistenten und strategisch ausgerichteten Verhaltenskodex und der Realisierung einer erfolgreichen Selbstbindung vermögen es die Wertschöpfungsagenten, Win-win-Potenziale für das Unternehmen und seine Stakeholder zu verwirklichen. Damit bleibt also festzuhalten: *Verhaltenskodizes führen zu einer gegenseitigen Besserstellung aller Beteiligten und sind somit essenziell für eine langfristige Existenzsicherung.* Da oftmals nicht nur einseitige Dilemmastrukturen die Ausgangslage bilden, sondern auch zweiseitige, wie am Beispiel des Umwelt- und Arbeitsschutzes zu erkennen ist, ist es auch von Vorteil, wenn sich die Unternehmen der jeweiligen Branche an einen runden Tisch setzen und für diese forciert kollektive Arrangements ausarbeiten. Diese flankierenden Maßnahmen können bei korrekter Umsetzung kollektive Selbstbindungen unterstützen. Jedoch können gemeinsam ausgearbeitete Verhaltenskodizes die individuellen nicht vollends ersetzen. Dies heißt: Die These, dass *„branchenspezifische Verhaltenskodizes individuelle ersetzen",* kann nicht bestätigt werden. Vielmehr ergänzen sie diese sinnvoll und im geeigneten Umfang.

Neben der Realisierung gegenseitiger Vorteilspotenziale sind in vorliegender Ausarbeitung zusätzliche Stimuli zur Selbstbindung aufgefallen, u. a. das Vermeiden unerwünschter Ereignisse und der Verlust des guten Rufs. Folglich bleibt zu konstatieren: *Risikominimierung und Imageverbesserung sind die eigentlichen Anreize für Selbstbindungsmaßnahmen.*

Schlussendlich lässt sich sagen, dass die Maßnahmen beider Unternehmen geeignet sind, um die angesprochenen Dilemmastrukturen zu überwinden, wobei Shell mit seinem Ethik-Kodex und den Shell-Unternehmensgrundsätzen seinen Wertvorstellungen zusätzlich Tragweite verleiht und die Vorgesetzten als Vorbildfunktion explizit in die Pflicht nimmt.

Literaturverzeichnis

BBC News (2006): Alaska hit by massive oil spill, in:
http://news.bbc.co.uk/2/hi/americas/4795866.stm, Zugriff am 26.04.2012.

Beckmann, Markus, Alexandra von Winning (2012): Eine ordonomische Perspektive – Die Professionalisierung von CSR in Theorie und Praxis, in: http://www.romanherzoginstitut.de/uploads/tx_mspublication/RHI_Position_11_Ansicht.pdf, Zugriff am 04.06.2012.

BMZ (2012): Transparenzinitiative im Rohstoffsektor: EITI, in:
http://www.bmz.de/de/was_wir_machen/themen/goodgovernance/transparenz/eiti/index.html?follow=adword, Zugriff am 29.06.2012.

BP (2002): Getting HSE right – A guide for BP managers, in:
http://www.bp.com/liveassets/bp_internet/globalbp/STAGING/global_assets/downloads/G/Getting_HSE_right_A_guide_for_BP_Managers_2001.pdf , Zugriff am 23.06.2012.

BP (2005): Unsere Verpflichtung zur Integrität – BP Code of Conduct, in:
http://www.deutschebp.de/liveassets/bp_internet/germany/STAGING/home_assets/assets/deutsche_bp/broschueren/coc_de_full_document.PDF, Zugriff am 28.04.2012.

BP (2008): Klimaschutz und Mobilität: target neutral – CO_2-Emissionen ersetzen, reduzieren und neutralisieren, in:
http://www.deutschebp.de/liveassets/bp_internet/germany/STAGING/home_assets/assets/deutsche_bp/broschueren/broschuere_targetneutral_2008.pdf, Zugriff am 26.06.2012.

BP (2010): BP Binding Corporate Rules – Data Privacy Rules Public Document, in:
http://www.bp.com/liveassets/bp_internet/globalbp/STAGING/global_assets/downloads/B/BP_data_privacy_rules_public_document_16April_2010.pdf , Zugriff am 08.06.2012.

BP (2011): BP-Zahlen und Fakten, in:
http://www.deutschebp.de/liveassets/bp_internet/germany/STAGING/home_assets/assets/deutsche_bp/broschueren/ueber_bp_2011_2012.pdf, Zugriff am 24.04.2012.

BP (2012a): Geschichte einer internationalen BP – Eine neue Gesellschaft entsteht, in:
http://www.deutschebp.de/sectiongenericarticle.do?categoryId=9028906&contentId=7052770, Zugriff am 24.04.2012.

BP (2012b): Sustainability Review 2011-Building a stronger, safer BP, in:
http://www.deutschebp.de/liveassets/bp_internet/germany/STAGING/home_assets/assets/deutsche_bp/broschueren/bp_sustainability_review_2011.pdf, Zugriff am 01.05.2012.

BP (2012c): BP-Gruppe: Zahlen und Fakten 2012–2013, in:
http://www.deutschebp.de/liveassets/bp_internet/germany/STAGING/home_assets/assets/deutsche_bp/broschueren/BP_kennzahlen_2012-2013.pdf, Zugriff am 13.06.2012.

BP (2012d): Sicherheitskonzepte – Sicherheit am Arbeitsplatz, in:
http://www.deutschebp.de/sectiongenericarticle.do?categoryId=2012345&contentId=2018250, Zugriff am 13.06.2012.

BP (2012e): Schulwettbewerb: Klima und Co, in:
http://www.deutschebp.de/sectiongenericarticle.do?categoryId=9038555&contentId=7070723, Zugriff am 22.06.2012.

BP (2012f): Sicherheit, Umweltschutz und Qualität-Qualitätsmanagement, in:
http://www.deutschebp.de/sectiongenericarticle.do?categoryId=9029272&contentId=7053374, Zugriff am 22.06.2012.

BSI (2012): Audit und Zertifizierung – ISO 14001, in: http://www.bsigroup.de/Audit-und-Zertifizierung/Managementsysteme/Standards-und-Systeme/ISO-14001/, Zugriff am 21.06.2012.

Carnau, Peter (2011): Nachhaltigkeitsethik: Normativer Gestaltungsansatz für eine global zukunftsfähige Entwicklung in Theorie und Praxis, München.

Clausen, Andrea (2009): Grundwissen Unternehmensethik – Ein Arbeitsbuch, Tübingen.

Demonstrare (2010): Zahlen – Daten – Fakten – Ölpest im Golf von Mexiko, in: http://demonstrare.de/demonstrare/zahlen-daten-fakten-olpest-im-golf-von-mexiko, Zugriff am 27.04.2012.

EITI (2009): EITI-Stakeholders, in: http://eiti.org/supporters/companies, Zugriff am 01.07.2012.

Der Spiegel (2007): Schlamperei und Todesfälle – Das BP-Inferno, in: http://www.spiegel.de/wirtschaft/schlamperei-und-todesfaelle-das-bp-inferno-a-460234.html, Zugriff am 26.04.2012.

Focus (2010): Hintergrund-Zahlen und Fakten zur Ölpest, in: http://www.focus.de/wissen/klima/umwelt-hintergrund-zahlen-und-fakten-zur-oelpest_aid_531071.html, Zugriff am 27.04.2012.

Glatz, Dinah Djalinous, Walter Gagawczuk, Anni Musger-Krieger, Ingrid Reifinger, Gabriele Schmid, Martina Spenger und Martina Thomasberber (2006): Antidiskriminierung
am Arbeitsplatz – Ein Ratgeber zum Erkennen und Bekämpfen von Diskriminierung im Betrieb, in: http://www.arbeiterkammer.at/bilder/d65/AntiDiskrimBetrieb.pdf, Zugriff am 03.06.2012.

Hahn, Rüdiger (2009): Multinationale Unternehmen und die „Base of Pyramid", in: http://www.springerlink.com/content/978-3-8349-1643-3/#section=106047&page=2&locus=61, Zugriff am 06.05.2012.

Küpper, Hans-Ulrich (2011): Unternehmensethik – Hintergründe, Konzepte, Anwendungsbereiche, Stuttgart.

Leisinger, Klaus M. (1997): Unternehmensethik – Globale Verantwortung und modernes Management, München.

Pies, Ingo und Peter Sass (2006): Korruptionsprävention als Ordnungsproblem – Wirtschaftspolitische Perspektiven für Corporate Citizenship als Integritätsmanagement, Diskussionspapier Nr. 06–7 des Lehrstuhls für Wirtschaftsethik an der Martin-Luther-Universität Halle Wittenberg, hrsg. von Ingo Pies, Wittenberg.

Pies, Ingo (2007): Wie bekämpft man Korruption? – Lektionen der Wirtschafts- und Unternehmensethik, Diskussionspapier Nr. 2007–4 des Lehrstuhls für Wirtschaftsethik an der Martin-Luther-Universität Halle Wittenberg, hrsg. von Ingo Pies, Halle.

Pies, Ingo und Markus Beckmann (2009): Whistle-Blowing heißt nicht: „verpfeifen" – Ordonomische Überlegungen zur Korruptionsprävention durch und in Unternehmen, Diskussionspapier Nr. 2009-19 des Lehrstuhls für Wirtschaftsethik an der Martin-Luther-Universität Halle Wittenberg, hrsg. von Ingo Pies, Halle.

Pies, Ingo, Stefan Hielscher und Markus Beckmann (2009): Moral Commitments and the Societal Role of Business: An Ordonomic Approach to Corporate Citizenship, in: Business Ethics Quarterly 19:3, S. 375–401.

Pies, Ingo (2009a): Ordonomische Schriften zur Unternehmensethik – Moral als Produktionsfaktor, Berlin.

Pies, Ingo (2009b): Ordonomische Schriften zur Wirtschaftsethik – Moral als Heuristik, Berlin.

RDS (2000): Shell Contractor-HSE Handbook, in: http://www.uacontractor.com/handbooks/edited_contractor_handbook.pdf, Zugriff am 20.06.2012.

RDS (2005): Shell-Unternehmensgrundsätze, in: http://www-static.shell.com/static/deu/downloads/publications_sgbp.pdf, Zugriff am 17.05.2012.

RDS (2010a): Shell-Unternehmensgeschichte, in: http://www.shell.de/home/content/deu/aboutshell/who_we_are_tpkg/our_history/corporate_history/, Zugriff am 02.05.2012.

RDS (2010b): Shell im Überblick, in: http://www.shell.de/home/content/deu/aboutshell/at_a_glance_tpkg/, Zugriff am 02.05.2012.

RDS (2010c): Code of Ethics, in: http://www.shell.com/home/content/aboutshell/who_we_are/our_values/code_of_ethics/, Zugriff am 12.05.2012.

RDS (2010d): Shell-Verhaltenskodex, in: http://www-static.shell.com/static/aboutshell/downloads/who_we_are/code_of_conduct/code_of_conduct_german_2010.pdf, Zugriff am 28.04.2012.

RDS (2010e): Umwelt und Gesellschaft: Sicherheit-Deutschland, in: http://www.shell.de/home/content/deu/environment_society/safety_tpkg/, Zugriff am 11.06.2012.

RDS (2010f): Nachhaltigkeitskurzbericht 2010-Royal Dutch Shell plc, in: http://www-static.shell.com/static/deu/downloads/publications_2011_sr_10_review.pdf, Zugriff am 08.05.2012.

RDS (2010g): Sustainability Report 2011-Social Data, in: http://reports.shell.com/sustainability-report/2011/ourperformance/socialdata.html?cat=i, Zugriff am 05.06.2012.

RDS (2010h): HSSE in Shell-Managing HSSE, in: http://www-static.shell.com/static/environment_society/downloads/safety/hsse_in_shell_lr.pdf, Zugriff am 07.06.2012.

RDS (2010i): Über Shell-Unser Engagement, in:
http://www.shell.de/home/content/deu/aboutshell/our_commitment/, Zugriff am 09.06.2012.

Readers Edition (2006): Shell to Sea-Raffinerie bedroht Irlands Umwelt, in:
http://www.readers-edition.de/2006/11/13/shell-to-sea-raffinerie-bedroht-irlands-umwelt/, Zugriff am 10.05.2012.

ReeseOnline (2011): Fremdwort.de, in:
http://www.fremdwort.de/suche.php?term=status%20quo, Zugriff am 24.05.2012.

Schmidt, Ingo (2005): Wettbewerbspolitik und Kartellrecht 8. Auflage, Stuttgart.

Wieland, Josef, Roland Steinmeyer und Stephan Grüninger (2010): Handbuch: Compliance-Management, Berlin.

Witherton, Peter G. (2010): Wirtschaftslexikon24.net, in:
http://www.wirtschaftslexikon24.net/d/pareto-optimum/pareto-optimum.htm, Zugriff am 01.06.2012.

Anhang

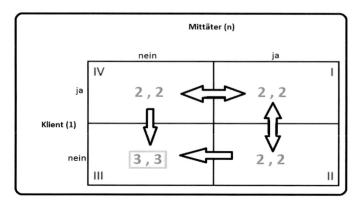

Abb. A-1: Ungelöstes zweiseitiges GD bzgl. Korruption zw. Klient und Mittätern.
Quelle: Eigene Darstellung. In Anlehnung an Pies und Sass (2006; S. 11).

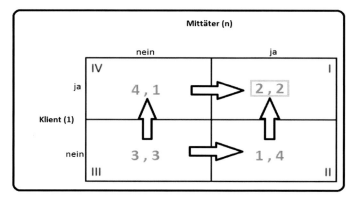

Abb. A-2: Gelöstes zweiseitiges GD bzgl. Korruption zw. Klient und Mittätern.
Quelle: Eigene Darstellung. In Anlehnung an Pies und Sass (2006; S. 11).

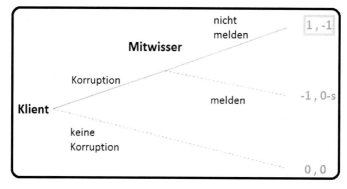

Abb. A-3: Einseitiges GD zw. Klient und Mitwisser.
Quelle: Eigene Darstellung. In Anlehnung an Pies und Beckmann (2009; S. 16).

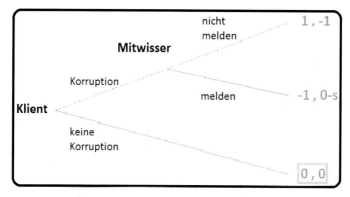

Abb. A-4: Überwundenes einseitige GD zw. Klient und Mitwisser.
Quelle: Eigene Darstellung. In Anlehnung an Pies und Beckmann (2009; S. 16).

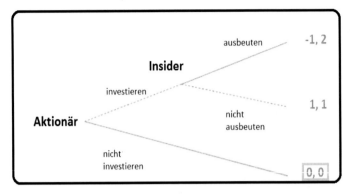

Abb. A-5: Einseitiges Dilemma zw. Aktionär und Insider.
Quelle: Eigene Darstellung. In Anlehnung an Pies (2009a; S. 122).

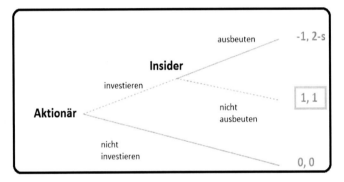

Abb. A-6: Gelöstes einseitiges Dilemma zw. Aktionär und Insider.
Quelle: Eigene Darstellung. In Anlehnung an Pies (2009a; S. 123).